D1664313

Die wunderbaren Abenteuer
des kleinen Johannes Larsson
in der Welt der Bibel

*Lars Collmar*

# Die wunderbaren Abenteuer des kleinen Johannes Larsson in der Welt der Bibel

*Kreuz Verlag*

Aus dem Schwedischen übersetzt von Ulrich Homann
Illustrationen von Kikka Nyrén

Die schwedische Originalausgabe ist unter dem Titel »Evangelium enligt
Johannes Larsson« 1985 erschienen im Verbum Förlag.

CIP-Titelaufnahme der Deutschen Bibliothek

**Collmar, Lars:**
Die wunderbaren Abenteuer des kleinen Johannes Larsson in
der Welt der Bibel / Lars Collmar. – 1. Aufl. – Stuttgart :
Kreuz-Verl., 1989
ISBN 3-7831-0954-X

1. Auflage
© Kreuz Verlag Stuttgart 1989
Alle deutschsprachigen Rechte beim Kreuz Verlag
Umschlaggestaltung: Jürgen Reichert, Kornwestheim
Umschlagbild: Kikka Nyrén
Satz: Typobauer Filmsatz GmbH, Ostfildern
Druck und Bindung: Franz Spiegel Buch GmbH, Ulm
ISBN 3 7831 0954 X

# Inhalt

# Vorwort

Allen, die meine Familie kennen, soll gesagt werden, daß dieses ein Schlüsselroman mit fast nur falschen Schlüsseln ist. Ein Teil der Details stimmt, alles zusammen stimmt aber nicht mit der Familie aus der Kammakargatan in Stockholm überein.

Insbesondere: Mein kleiner Sohn Johannes, bald sechs Jahre alt, ist *nicht* Johannes Larsson, auch wenn beide die Goldfische von Göran Karing auf gleiche Weise füttern (Göran Karing ist dagegen Göran Karing, Pfarrer in der Adolf-Friedrich-Gemeinde, Goldfischbesitzer und sehr geschätzter Kollege).

Johannes Larsson ist vermutlich am ehesten der, der ich hätte sein können, als ich klein war, wenn ich es nur gewagt hätte. Johannes Larssons Eltern sind zwei ziemlich schemenhafte Figuren, die nicht mit irgendwelchen lebenden Menschen identifiziert werden können. Sein Vater und ich grillen Wurst auf die gleiche Art, das ist das einzige, was mir jetzt an Übereinstimmung einfällt.

Dagegen sind Johannes' Geschwister, die ab und zu auftauchen, nach meinen Kindern Tove, Rabbe, Moa und Aino benannt. (Ich bin mir nicht einmal sicher, ob Tove überhaupt auftaucht. Sie ist sicherlich schon zuhause ausgezogen, im Buch wie in der Wirklichkeit.) Rabbes Zimmer ist ziemlich korrekt wiedergegeben. Rabbes Freundin Ingrid ist dagegen von vorne bis hinten ein Phantasieprodukt. Großmutter ähnelt ziemlich stark meiner Freundin Karin-Stina Eriksson.

Dieses Vorwort kann auch als Widmung angesehen werden.

Stockholm, den 21. Juni 1984
*Lars Collmar*

# 1. Über eine Reise, die ich öfter unternehme

Etwas Komisches passierte mir Weihnachten vor zwei Jahren. Damals war ich erst sieben. Jetzt bin ich neuneinhalb. Ich heiße Johannes, übrigens. Johannes Larsson, Kammakargatan 30, Stockholm.

Ja, damals also, Weihnachten vor zwei Jahren, entdeckte ich, daß ich in das Heilige Land kommen konnte, wann immer ich wollte. Plötzlich war ich einfach da. Das war spannend, aber keineswegs unheimlich. Ich hatte überhaupt keine Angst. Ich fand nicht einmal, daß es komisch war. Nur im nachhinein.

Großmutter hatte mir erzählt, daß es das Heilige Land hieß. Palästina oder das Heilige Land heißt es. Und dahin kann ich kommen, wann immer ich will. Das erste Mal, als ich dorthin kam, war ein Donnerstag. Es schneite. Es war zwei Tage vor Weihnachten. Die Weihnachtsferien hatten gerade begonnen. Michael, mein Freund, war aufs Land verreist. Und meine Geschwister waren draußen und kauften Weihnachtsgeschenke für mich, so daß ich nicht mitkommen durfte. Ich hatte keinen, der bei mir war. Sowohl Papa als auch Mama waren zur Arbeit. Die arbeiten in einem fort, dachte ich. Deswegen war ich allein zu Hause.

Ich ging ein wenig nach draußen. Auf dem Sveavägen liefen die Leute mit Haufen von Paketen aneinander vorbei. Ich ging runter zum Alten Heumarkt. Einen Moment lang spielte ich mit dem Gedanken, in die Spielwarenabteilung des Kaufhauses PUB hochzufahren und mich dort umzuschauen. Aber es war solch ein Gedränge, daß es keinen Spaß machte.

Statt dessen ging ich weiter die Drottninggatan hinunter. Es war recht lustig, allein durch die Stadt zu ziehen. In den Schaufenstern gab es viel zu sehen. Ich blieb vor Buttericks Scherzartikelhandlung stehen. Ob ich mir eine solche Gorillamaske wünschen sollte, um Michael zu erschrecken? Oder so eine Schlange, die ganz echt aussieht, um sie in Mamas Bett zu legen? Ich fragte mich, ob sie wohl Angst bekäme.

Warum mag man so was Fieses? Ich ging und dachte darüber

nach. Obwohl – ich mag auch Schönes. Recht schön ist es, wenn es schneit. Aber es ist nicht besonders, wenn die Autos im Schnee fahren, so daß aus allem nur eine braune Matsche wird. Eigentlich sollte man lieber auf dem Lande sein, dachte ich. Genau wie Michael. Warum ist er über Weihnachten verreist? Das war dumm.

Die Leute rempelten sich unentwegt an. Ich wollte meine Ruhe haben. Deswegen bog ich in eine kleine Straße ab, wo fast keine Menschen waren. Und so befand ich mich plötzlich auf einem Friedhof. Dort war es ruhig, obwohl er mitten in der Stadt lag, und der Schnee lag ganz weiß und schön auf dem Rasen. Auf den Kanten der Grabsteine lag eine große, wollige Decke aus Schnee. Ich raffte etwas Schnee zu einem Schneeball zusammen und warf nach einem Baum. Äh, nichts war lustig, merkte ich. Nicht einmal mit einem Schneeball zu werfen. Warum war Michael nicht in der Stadt? Und warum durfte ich nicht mit Moa und Aino gehen und Weihnachtsgeschenke kaufen? Ich könnte ja weggucken, wenn sie welche für mich kauften. »Du schielst ja nur herüber«, sagten sie. »Mach' ich überhaupt nicht«, sagte ich. Und das mache ich auch nicht. Nur ein bißchen. Im übrigen fror ich.

Ich weiß nicht, wie es so richtig vor sich ging, aber plötzlich war ich in der Kirche. Wie groß die war! Hoch, hoch bis zum Dach und so ganz mucksmäuschenstill. Ich merkte, daß ich auf leisen Sohlen daherschlich, um die Stille nicht zu stören. Ich schlich mich an der einen Wand entlang nach vorne. Und da fiel mein Blick auf eine Krippe. Es war eine sehr schöne Krippe. Viel größer als die, die wir zu Hause haben. Viel echter kam sie mir vor. Zuerst einmal bestand sie aus einem großen Sperrholzkasten mit Sand. (Wie ihn unsere Katze hat, um da hineinzumachen, nur größer. Unsere Katze heißt Aron.) Im Sand befand sich ein Stall aus Holz. Im Stall war die Krippe mit Jesus darin. Und darüber hinaus Puppen als Maria und Josef und Hirten mit Lämmern. Und ganz hinten in der Ecke drei weise Männer, die auf dem Weg waren. Und über dem Stall war ein großer Stern aufgesteckt mit einer Lampe darin. Überall im Sand standen Tiere, die auf dem Weg zur Krippe waren.

10

Das hört sich vielleicht so an, als wäre es eine x-beliebige Weihnachtskrippe, aber nein, das hier war die schönste Krippe, die ich in meinem ganzen Leben je gesehen hatte. Die Figuren waren schön bemalt. Und die Tiere sahen ganz echt aus. Es gab auch Engel, das vergaß ich zu sagen. Sie sahen aus wie junge Mädchen, mit Flügeln auf dem Rücken. Das störte mich ein wenig. Großmutter hat gesagt, Engel wären Onkels. Und sie brauchten gewöhnlich auch keine Flügel zu haben.

Es gab eine Bank direkt vor der Krippe. Ich setzte mich und guckte. Am meisten fesselte ein weiches, wolliges Lamm meinen Blick, das ein Hirte im Arm hielt. Ich glaube, daß der Hirte und das Lamm aus Gips gemacht waren, aber es sah nicht aus wie Gips. Die Wolle auf dem Lamm sah ganz weich und echt aus. Ich bekam Lust, meine Nase in die Wolle zu bohren. Genau in diesem Augenblick entdeckte ich, daß ich reisen konnte.


## 2. Insbesondere über ein Lamm


»Möchtest du das Lamm streicheln?« fragte der Hirte.

Klar, daß ich wollte! Ich strich mit der Hand über die Wolle. Sie war nicht so weich, wie ich gedacht hatte, eher etwas kratzig und zottelig. Das Lamm wandte mir den Kopf zu und leckte mich an der Hand. Es kitzelte so herrlich! Und warm war das Lamm!

»Wie heißt es?« fragte ich und blickte vorsichtig zu dem Hirten auf.

»*Es* ist ein *er*«, sagte der Hirte. »Mit der Zeit wird aus ihm ein großer Widder. Er heißt Aron.«

»Wie schön«, sagte ich, »so heißt meine Katze auch.«

»Möchtest du Aron halten?« fragte der Hirte.

Ich nickte nur, und der Hirte legte das Lamm vorsichtig in meinen Arm. Aron war recht schwer, obwohl er noch so klein war. Aber es war herrlich, ihn zu halten. Ich drückte ihn an mich und spürte durch die Jacke, wie sein Herz schlug.

»Hast du viele Lämmer?« fragte ich dann.

»Eine ganze Menge«, sagte der Hirte. »Sie laufen da hinten und grasen. Aber Aron ist neulich erst geboren, so daß er noch nicht mit den anderen laufen kann.«

»Sollte er nicht am besten bei seiner Mutter sein?« fragte ich.

»Ich habe ihn nur ein wenig bei seiner Mutter ausgeliehen«, sagte der Hirte. »Ich finde nämlich auch, daß es schön ist, ihn zu halten.«

Ich reichte Aron dem Hirten zurück. Es war etwas beschwerlich, zu stehen und ihn dabei auf dem Arm zu halten, während wir sprachen. Dann sah ich mich um. Zuerst hatte ich nicht daran gedacht, wo ich war. Ich hatte mich nur um das Lamm gekümmert. Aber nun sah ich, daß um mich herum Sand war. Hier und da wuchs etwas Gras. Aber am meisten gab es Sand. Und heiß war es. Ich war gezwungen, mir sowohl die Jacke auszuziehen als auch Schal und Mütze abzunehmen. Da entdeckte ich, daß ich mit Skischuhen mitten im warmen Sand stand. Ich schnürte sie auf und legte sie unter eine Palme. Die Wintersachen legte ich sorgfältig zusammengefaltet neben die Schuhe.

»Wie schrecklich eingemummt du bist«, sagte der Hirte und lachte.

»Ich bin von weit hergereist«, sagte ich.

Denn das war ich wirklich. Ich war in das Heilige Land gereist, so leicht wie nur möglich. Und dieses war das erste Mal, aber es sollte nicht das letzte sein. So ein Glück, dachte ich, daß Großmutter soviel über das Heilige Land erzählt hat. So weiß ich schon, wo ich überhaupt bin.

»Schläfst du eigentlich nicht um diese Zeit?« fragte der Hirte.

»Warum denn das?« fragte ich zurück. »Ich bin nicht eine Spur müde.«

»Nein«, sagte der Hirte, »aber bald wird es Nacht. Und dann wird es dunkel, und Löwen und andere wilde Tiere könnten kommen.«

»Oh!« sagte ich. »Daran habe ich nicht gedacht.«

»Komm mit mir«, sagte der Hirte. »Ich kann auf dich aufpassen, während ich die Schafe hüte.«

Das war ein netter Hirte, so daß ich ihm folgte. Wir gingen ein Stück über das Feld. Es gab immer mehr Gras und immer weniger Sand, als wir gingen. Glück für die Schafe, dachte ich. Jetzt sah ich die Schafherde in der Ferne. Der Hirte pfiff, und ein Hund kam angelaufen. Er sprang an dem Hirten hoch und begrüßte ihn. Danach sprang er auch an mir hoch und wollte mich im Gesicht lecken. Ich lachte und streichelte ihn.

»Ruhig, Manasse, ruhig!« sagte der Hirte und streichelte ihn, bis er mit seiner Begrüßung fertig war. Ich streichelte ihn ebenfalls. Ich habe ein recht gutes Händchen für Tiere.

»Hast du alle Schafe zusammengehalten, während ich weg war?« fragte der Hirte. »Sollen wir gehen und nachsehen, ob noch alle da sind? Ja, das machen wir, Manasse.«

Und so gingen wir auf einem Pfad zu den grasenden Schafen. Da geschah etwas Seltsames. Fast wie im Kino, wenn sie das Licht löschen und der Film anfangen soll. Mir wurde fast etwas angst. Bei uns zu Hause wird es ja langsam dunkel, aber hier im Heiligen Land ging das in einigen Minuten. Der Hirte nahm mich an der Hand, und das war auch gut so, sonst hätte ich wohl richtige Angst bekommen. Jetzt sah ich die Schafe nicht länger dort hinten. Ich sah überhaupt nichts mehr. Ich fühlte nur die Hand des Hirten und den Hund Manasse, der neben uns hin und her sprang und von Zeit zu Zeit an uns entlangstrich.

Aber jetzt sah ich den Schein eines Feuers in der Ferne. Der Hirte sah ihn ebenfalls.

»Schön«, sagte er, »jetzt haben die Burschen Feuer gemacht.«

»Welche Burschen?« fragte ich.

»Die anderen Hirten«, antwortete der Hirte, »Simeon, Isaskar und Sebulon.«

»Was für merkwürdige Namen«, staunte ich.

»Meinst du?« fragte der Hirte. »Ich heiße Johannes. Ist das etwa auch ein merkwürdiger Name?«

»Nee«, sagte ich, »so heiße ich auch. Johannes Larsson, Kammakargatan 30, Stockholm.«

»Das letzte, finde *ich*, hört sich merkwürdig an«, sagte der Hirte.

»Doch ich werde Jonte genannt, manchmal«, sagte ich.

Nun waren wir angekommen. Der Hirte Johannes begrüßte die anderen Hirten. Sie redeten und lachten. Wir standen am Feuer. Es wärmte gut, denn nun, als die Sonne untergegangen war, war es recht kalt in der Luft. Ich ärgerte mich ein bißchen, daß ich meine dicke Jacke und die Skihosen weggelegt hatte. Was würde Mama sagen, wenn ich nur in Unterhosen nach Hause käme, mitten im Winter? Naja, erst mal abwarten.

»Habt ihr gesehen, wen ich draußen auf dem Feld gefunden habe?« fragte der Hirte und zeigte auf mich. »Er heißt Johannes, genau wie ich, aber er wird Jutte genannt.«

»Jonte«, sagte ich.

»Ja, seltsam«, sagte der Hirte. »Ich glaube, das ist ein kleiner Heide, der hierher gefunden hat. Aber wir sollten nett zu ihm sein, nicht wahr, Freunde?«

Die anderen brummten freundlich. Ich durfte sie alle begrüßen. Aber jetzt merkte ich, daß ich müde war. Deswegen war ich froh, als der Hirte Johannes sagte: »Willst du dich jetzt hinlegen und schlafen? Du kannst zu Aron und seiner Mutter kriechen. Dann wird es dir warm.«

Das war das Allerschönste! Mit der Nase im Fell eines richtigen jungen Lammes liegen zu dürfen. Ich schlief fast sofort ein. Aber ich merkte noch, wie der Hirte einen Mantel über mich breitete. Dann hörte ich, wie sie am Feuer saßen und ein schönes Lied zu einer fremden Melodie sangen.

»Weile auf einer grünen Wiese, am Wasser, wo ich Ruhe find'«, sangen sie. Dann schlief ich ein.


## 3. Darüber, daß man aufwacht und das schönste Lied der Welt hört

Es war Aron, der mich weckte. Ich spürte seine kleine, rauhe Zunge, die mich im Gesicht leckte, und so wurde ich mit einem Mal hellwach. Mir fiel sofort wieder ein, daß ich im Heiligen Land war.

Aber welch ein Licht war das! Heller als mitten am Tag im klarsten Sonnenschein. Ich rieb mir die Augen und setzte mich aufrecht hin. Das erste, was ich sah, waren die Hirten, Johannes und Simeon und Isaskar und Sebulon. Sie waren alle zusammen auf die Knie gefallen und sahen irgendwie anders aus. Zuerst glaubte ich, daß sie Angst vor dem Licht hatten. Aber gleichzeitig sahen diese bärtigen Burschen richtig schön aus, und wenn man Angst hat, dann sieht man meistens doch nicht besonders schön aus. Es leuchtete um sie herum. Das war natürlich der Lichtschein.

Dann sah ich den Engel. Und er war genau, wie Großmutter gesagt hatte, überhaupt nicht wie in der Krippe in der Kirche. Es war ein Onkel. Und er sah ganz normal aus, und trotzdem sah man sofort, daß es ein Engel war.

»Habt keine Angst«, sagte der Engel.

Und da sah ich, daß die Hirten wohl trotzdem Angst hatten. Aber ich hatte keine. Und auch Aron nicht. Er leckte die ganze Zeit weiter eifrig an mir herum. Er war ganz außer sich vor Freude. Er fand wohl auch, daß der Engel und das Licht, das überall leuchtete, das Schönste war, was er jemals gesehen hatte.

»Ich komme von Gott«, sagte der Engel. »Und ich soll euch etwas überaus Freudiges berichten. Es ist etwas sehr, sehr Schönes für alle Menschen geschehen. Der Heiland ist geboren«, sagte er. »Er ist in der Stadt Davids, in Bethlehem, geboren. Wenn ihr dort hingeht und nachschaut, dann findet ihr ihn in einer Krippe in einem Stall.«

Ich hätte wohl nicht richtig verstanden, was er gesagt hatte, wenn Großmutter mir nicht soviel vom Stall und der Krippe erzählt hätte. Das ist das Gute an Großmutter. Sie erzählt so, daß man es auch versteht. Mit Papa und Mama ist das viel schwieriger. Sie erzählen so komisch. Wenn sie überhaupt Zeit zum Erzählen haben. Allerdings weiß ich nicht richtig, was ein Heiland ist. Aber das ist wohl etwas Gutes, kann ich mir vorstellen.

Dann hatte der Engel sicherlich alles gesagt, was er sollte. Obwohl er gut und stark und mächtig aussah, merkte ich doch, daß er nur eine Art Wachtmeister Gottes war. Er sagte genau das, was Gott ihm befohlen hatte zu sagen, und sonst nichts.

Als der Engel aufgehört hatte zu reden, sah ich, daß sich mehrere Engel in seiner Begleitung befanden. Ich bin mir fast sicher, daß auch sie keine Flügel hatten. Aber wie schön sie sangen! Ich habe einmal den Bachchor der Adolf-Friedrich-Gemeinde zu Hause in Stockholm gehört, und wenn der nicht so langweilig singt, dann ist er für mich das Schönste, was es gibt. Aber der Bachchor ist nichts gegen den Gesang der Engel!

Sie sangen von Gott, so daß es mir richtig den Rücken hinunterlief, so schön war es. Und es war etwas über Frieden in der ganzen Welt. Den Rest habe ich nicht verstanden. Aber schön war es!

Dann waren sie plötzlich verschwunden, und zuerst war es ganz dunkel, fand ich. Aber dann sah ich im Schein des Feuers, daß die Hirten langsam aufstanden und ganz leise miteinander sprachen. Sie hatten die ganze Zeit auf den Knien gelegen, wie man es manchmal in der Kirche macht.

»Sollen wir gehen?« flüsterten sie. »Können wir die Schafe allein lassen, was glaubt ihr?«

»Na klar, und ob wir das können! In einer solchen Nacht paßt Gott selber für uns auf die Schafe auf. Im übrigen können wir ja auch Manasse hierlassen.«

»Aber Aron nehme ich mit«, sagte der Hirte Johannes.

»Darf ich auch mitkommen?« flüsterte ich.

Er antwortete nicht. Aber er nickte ernst.

Und dann gingen wir auf dem Pfad raus in die Dunkelheit.

# 4. Über das Jesuskind in der Krippe

Es war mitten in der Nacht. Die Hirten gingen schnell. Ich mußte fast laufen, um mitzuhalten. Ich merkte, wie aufgeregt sie waren. Auf dem ganzen Weg sagten sie fast nichts. Ich glaube, man hat wohl keine Lust, viel zu reden, nachdem man gerade Engel getroffen hat.

Ich glaubte immer, daß man die Stadt Bethlehem auf weite

Entfernung hin sehen würde. Ich meine, wenn man mitten in der Nacht nach Stockholm kommt (wie damals, als Papa, Mama und ich nachts mit dem Auto aus Växjö kamen), dann sieht man doch überall Licht. Straßenlaternen, Licht in einigen Fenstern und Ähnliches. Aber in Bethlehem war es völlig dunkel. Erst als wir ganz nahe an das erste Haus gekommen waren, merkte ich, daß wir da waren. Dann suchten wir in den Gassen zwischen den Häusern weiter. Nun begannen die Hirten zu zweifeln.

»Wie sollen wir dahin finden?« flüsterten sie.

Das Kind sollte ja in einer Krippe in einem Stall liegen. Aber wo war der Stall? Wir gingen die Straßen auf und ab. Die Hirten wirkten etwas mißmutig. Ich fand, daß sie etwas dumm waren. Wenn Gott sich schon so viel Mühe macht, daß er einen ganzen Haufen Engel hinaus auf das Feld schickt, dann sieht er wohl auch zu, daß wir die Krippe finden, dachte ich und trottete weiter. Aber ich sagte nichts. Erwachsene mögen es nicht gerne, wenn Kinder mehr verstehen als sie. Sie gingen schnell, so daß ich etwas hinterherging.

»Wartet!« rief ich. »Geht nicht so schnell!« Sie blieben irritiert stehen und drehten sich um. Da sah ich: Sie waren zu weit gegangen. Eine kleine Gasse auf der linken Seite, an der sie schon vorbeigegangen waren, führte einen steilen Abhang hinunter zu einem verfallenen Haus. Und darin leuchtete etwas.

»Beeil dich!« sagte Sebulon, dessen Stimme sich irritiert anhörte. »Sonst kommen wir nie an!«

»Beeilt euch lieber nicht allzusehr!« rief ich. »Sonst kommt *ihr* nie an! Hier unten ist es nämlich.«

Da kamen sie zurück, und wir gingen die kleine Gasse hinab.

Ich hatte recht: Es war der Stall. Wir schauten vorsichtig hinein. Ein junges Mädchen stand über etwas gebeugt, das sich mitten auf dem Boden befand. Und ein etwas älterer Mann stand neben ihr und hielt sie schüchtern an den Schultern. Eine Öllampe erleuchtete den Stall. Ich konnte einen Ochsen in der Ecke erkennen und einen Esel.

Ich schlich mich hinein, ohne daß es jemand merkte. Ich stellte mich neben den Esel. Dort war es so dunkel, daß keiner mich sah. Natürlich wirkten sie sehr nett, aber ich war trotzdem

ein wenig schüchtern. Das mußten Maria und Josef und das Jesuskind sein. Aber wie jung Maria war! Kaum älter als meine große Schwester Moa, und Moa ist gerade vierzehn Jahre alt. Oh, wie schön sie war! Etwas bleich, aber das kam sicher von dem flackernden Licht der Öllampe oder davon, daß sie gerade ein Kind geboren hatte. Josef war älter, ungefähr so alt wie Papa. Das Kind sah ich nicht. Es lag in der Krippe. Maria stand immer noch darübergebeugt. Es sah nicht so aus, als würde sie es wickeln. Sie stand einfach da. Mütter machen das vielleicht so, wenn sie gerade ein Kind bekommen haben, was weiß ich?

Es gab keine Tür zum Stall, nur eine Öffnung zur Straße hin. Der Hirte Johannes klopfte zur Sicherheit an die Wand und hustete leicht, so daß sie hören sollten, daß die Hirten da waren. Maria zuckte zusammen und sah ängstlich aus. Josef wandte sich um. Die Hirten kamen herein. Dann begann Johannes von dem Gesang der Engel zu erzählen, davon, was die Engel gesagt hatten. Ich hörte nicht so genau hin. Ich war ja selbst dabeigewesen. Aber ich sah, daß Maria sich von ihrem Schrecken erholte und daß sie die Gäste anlachte.

»Kommt herein!« sagte sie freundlich. »Kommt herein! Die, die Gott geschickt hat, sind immer willkommen!«

»Ja, wir möchten das Kind sehen, wenn es geht«, sagte Johannes. »Wir wollen nicht stören und es nicht wecken. Man weiß ja, daß so kleine Leute ganz schön knurrig werden können, wenn man sie weckt. Aber der Engel hat gesagt, daß wir es sehen dürften, also ...«

»Natürlich«, sagte Maria. »Kommt her, Hirten. Hier ist er, der der Messias ist und der Heiland der Welt.« (Ich muß Großmutter einmal fragen, was »Heiland« bedeutet und was »Messias«.)

Die Hirten gingen zu der Krippe. Als sie das Kind darin sahen, fielen sie auf die Knie, genauso, wie sie es gemacht hatten, als sie den Engel trafen. Und wieder wurden sie merkwürdig schön, wie sie es draußen auf dem Feld gewesen waren. Aber jetzt war es das Licht der Öllampe. Zuerst sahen sie nur das Kind. Eine lange Weile dachten sie an nichts anderes. Aber dann wandte sich der Hirte Johannes zu mir um und sagte: »Komm du auch, Junge, und schau dir deinen Heiland an!«

Er hörte sich ernst an.

Ich ging zur Krippe. Ein bißchen unsicher war ich. Nicht ängstlich, aber ich fühlte mich sonderbar. Im nächsten Augenblick sollte ich das Jesuskind sehen. Und dann sah ich es. Es war genauso, als würde ich Michaels kleinen Bruder sehen oder irgendein x-beliebiges Kind. Es war schön, aber das sind alle kleinen Kinder, finde ich. Nun waren auch Maria und Josef an der Krippe auf die Knie gefallen. Es fühlte sich etwas komisch an, der einzige zu sein, der aufrecht stand. Deswegen fiel auch ich auf die Knie. Aber ich fand noch immer, daß das Kindchen aussah wie Michaels kleiner Bruder oder irgendein anderes Baby. Schön, sehr schön. Sie sind schön, die richtig kleinen.

Die Hirten und Maria und Josef beteten.

»Du bist mein Sohn, ich habe dich heute geboren« und »Den Heiden zum Erbe« und was es noch war. Der Hirte Johannes hatte mich vorher »Heide« genannt. Es hörte sich an, als würde es von mir handeln, was sie sangen.

Von Jesus und mir, obwohl ich es nicht richtig verstand.


# 5. Engel sind nicht so ungewöhnlich, wie man glaubt

»Dann wollen wir nicht länger stören«, sagten die Hirten und gingen.

Und nun war ich allein im Stall mit Maria und Josef und dem Kleinen. Und der Esel und der Ochse auch, so daß ich natürlich nicht besonders einsam war.

Er schlief. Er war wie eine Kohlroulade in Stoff gewickelt, so daß man nur das Gesicht sah. Doch die Hände hatte er frei.

»Seht her! Er saugt am Daumen! Er hat sicher Hunger!« rief ich.

»Das glaube ich nicht. Gerade bevor du kamst, hat er getrunken«, sagte Maria. »Aber hast du vielleicht Hunger?«

Erst als ich darüber nachdachte, merkte ich es.

»Magst du Schafskäse?« fragte Maria.

»Ich weiß nicht«, sagte ich. »Habe ich noch nie gegessen.«

»Probier mal!« sagte sie.

Und sie nahm ein Stück Brot, schnitt hinein und legte etwas Käse dazwischen. Ich kaute nachdenklich. Nicht schlecht! Es war ungefähr so, als ob man auf einer nassen Knifte kauen würde, aber es schmeckte gut. Und ich war wirklich hungrig. Ich aß das Schafskäsebrot in einem Zug auf.

»Möchtest du noch eins?« fragte Maria.

Ich nickte. Diesmal legte sie etwas Schafsfleisch darauf. Salzig und herrlich! Und dazu bekam ich Ziegenmilch. Ich trank davon nicht allzuviel, weil sie so merkwürdig schmeckte.

»Dies hier ist eine seltsame Geschichte!« sagte ich, denn ich merkte, daß ich wohl etwas sagen sollte. »Engel und so! Stell dir vor, daß es so etwas trotz allem gibt! Das habe ich fast nicht geglaubt.«

Maria lachte etwas. »Sicherlich gibt es Engel«, sagte sie.

»Hast du auch schon Engel gesehen?« fragte ich.

»Sicher habe ich das«, sagte Maria. »Einen Engel. Es war Gabriel persönlich. Er war es, der mir erzählt hat, daß ich diesen Kleinen hier bekommen würde«, sagte sie und wandte den Kopf zur Krippe.

»Er schläft immer noch. Schön!«

»Erzähl!« bat ich.

Tatsächlich hatte Großmutter das auch schon mal erzählt, aber Maria mußte ja besser wissen als Großmutter, wie es eigentlich zugegangen war.

»Ich war zu Hause in Nazareth«, erzählte sie. »Ich war gerade dabei zu spülen und dachte an nichts Besonderes. Aber ich weiß noch, daß ich froh war. Denn es war gerade abgemacht worden, daß Josef und ich heiraten würden. Und Josef ist so herrlich.«

(Ist er nicht etwas zu alt für dich? dachte ich. Aber das sagte ich nicht. Das wäre sicher etwas unhöflich, glaubte ich.)

»Ich sang vor mich hin, während ich spülte. Da merkte ich, daß jemand zur Tür hereinkam. Denn es wurde dunkler, so als ob jemand das Licht von draußen abhält. Aber gleichzeitig wurde es auch heller.«

Ich nickte nur.

»Es war so gut, daß er kam. Gott war so nahe. Und trotzdem bekam ich Angst.«

»Das ist eben so mit Engeln«, sagte ich.

Und Maria nickte.

»Ja, so ist das mit Engeln. So ist das mit Gott. Das ist so gut, genauso, wie es sein sollte, und trotzdem bekommt man Angst, weil es so stark ist. Soviel Gutes auf einmal.«

»Genau wie draußen auf dem Feld«, sagte ich. »Es war alles voll von Engeln, und sie sangen und sangen. Es war schön, und man wurde froh davon, fast kamen einem die Tränen, und trotzdem hatte man auch etwas Angst. Aber was hat er gesagt, dieser Gabriel?«

»Er hat gesagt, daß ich keine Angst haben sollte. Und daß er von Gott sei. Und dann nannte er mich ›Hochbegnadete‹.«

»Was ist denn das?«

»Das weiß ich selbst nicht richtig. Vielleicht wie man sich den wertvollsten Edelstein der Welt vorstellt. Einen Diamanten, der größer ist und schöner glitzert als alle anderen.«

»Jaja, erzähl weiter!«

»Und dann stell dir eine kleine, gewöhnliche Holzschachtel vor.« (Ich dachte an eine leere Käsepackung, die ich von Mama bekommen hatte. Da stand »Buko« drauf.) »Und dann legt der größte König der Welt den wertvollsten Diamanten der Welt in diese Schachtel. Dann kann man wohl sagen, daß die Schachtel hochbegnadet ist.«

Ich grinste, als ich daran dachte, daß der Diamant wohl nicht in meine Käsepackung passen würde. So groß, wie ich mir diesen Diamanten vorstellte, brauchte der sicher mindestens einen hochbegnadeten Schuhkarton!

»Und ich bin wie so eine Schachtel«, sagte sie. »Ich durfte Gottes Sohn in mir tragen. Und nun liegt er hier, so klein und hilflos. Und trotzdem hat Gabriel gesagt, daß er König über Israel wird.«

»Das wird kaum reichen«, sagte ich. »Großmutter hat gesagt, daß er der König der ganzen Welt wird.«

»Das hat der Engel auch gesagt«, sagte Maria und sah erstaunt aus. »Aber das kann ich nicht verstehen, und wie kannst du das überhaupt wissen?«

Verdammt! Jetzt hatte ich mich verquatscht. Das passiert nur, wenn ich weitersage, was Großmutter mir erzählt hat. Wie sollte ich das denn jetzt erklären?

Aber der kleine Kerl rettete mich. Er begann zu schreien.

## 6. Es geschieht gewöhnlich so, wie Gott es sagt

Auch wenn er Gottes Sohn war und auch nachdem Maria gerade erzählt hatte, daß der Engel Gabriel gesagt hatte, er solle Jesus heißen, hörte er sich doch an wie Michaels kleiner Bruder!

Maria nahm ihm die Windeln ab, und natürlich hatte er sich vollgemacht. Josef kam mit Wasser, das er über dem Feuer im Hof erwärmt hatte, und dann machte er ihn sauber und legte ihm neue Windeln an, und da beruhigte er sich. Danach bekam er zur Sicherheit noch einen Schluck Milch, und so schlief er dann wieder ein.

Schön, daß er mich rettete. Denn nun hatte Maria vergessen, was ich über Großmutters Erzählung gesagt hatte. Statt dessen erzählte sie jetzt selbst weiter.

»Ich war so verwirrt«, sagte sie, »als Gabriel sagte, daß ich ein Kind bekommen würde. Denn Josef und ich waren gerade erst frisch versprochen.«

»Was bedeutet das?« fragte ich.

»Wir hatten uns versprochen, daß wir heiraten würden, wenn wir etwas älter wären.«

»Verlobt, meinst du?«

»Wir sagen ›versprochen‹. Aber Josef und ich waren ja noch nicht zusammengewesen, wie es sein muß, wenn ein Kind kommen soll.«

Plötzlich schien sie sich etwas zu schämen.

»Du weißt das vielleicht nicht?« sagte sie. »Wie alt bist du?«

»Sieben«, sagte ich, denn das war ich ja. »Aber natürlich weiß

24

ich das. Mein Bruder Rabbe weiß alles darüber, und der hat es mir erzählt.«

»Aber ich dachte, daß es Gottes Wort war, mit dem Gabriel kam. Es geschah durch das Wort, als Gott sagte: ›Es werde Licht‹! Und da wurde es Licht. Und es wurden Himmel und Erde und Berg und Meer und alles. Als Gott Sein Wort sprach, da geschah, was Er sagte, dachte ich. Und jetzt sagte Sein Wort, daß Sein eigener Sohn in mir entstehen würde. ›Willst du?‹ fragte Gabriel. Ich war völlig verwirrt. Gott grüßte und fragte, ob ich es erlaubte, daß Sein Sohn in mir wuchs! Der König fragte die Holzschachtel, ob er den Diamanten hineinlegen dürfe! ›Natürlich‹, sagte ich kurz. ›Ich lasse es geschehen, wie Gott will! Ich bin Seine Dienerin.‹ Und dann ging Gabriel. Und ich wußte, daß das Wort in mir wuchs.« Sie saß still. Sah froh aus und ernst zugleich. Wie hübsch sie war! Meiner Schwester Moa etwas ähnlich, die ebenfalls vierzehn ist.

Josef war inzwischen eingeschlafen. Er hatte sich, mit einem Mantel bedeckt, auf etwas Stroh in eine Ecke gelegt. Aber Maria wirkte nicht müde, obwohl es schon Nacht war, nur tief in Gedanken. Ich war ebenfalls hellwach. Es war so ruhig und friedlich im Stall. Eine Öllampe leuchtete den Stall ungleichmäßig aus. Maria hatte sie auf die Kante der Krippe gestellt, so daß sie den Jungen die ganze Zeit sehen konnte. Die Lampe leuchtete auch auf ihr Gesicht. Sie hatte schwarzes, langes Haar, einen ziemlich kleinen Mund mit schmalen Lippen und weiße Haut. Im Schein der Lampe, die etwas flackerte, war sie das schönste Mädchen, das ich je gesehen hatte.

»Erzähl weiter von diesem Wort!« bat ich unvermittelt, fast wie verzaubert. »Das hört sich toll an!«

»Gottes Wort ist so«, sagte sie. »Und es ist viel größer als Zauberei. Im Anfang gab es nichts, nur Gott. Alles war dunkel und leer. Kannst du dir das vorstellen? Das kann sich wohl keiner vorstellen.«

Ich schloß die Augen. Natürlich konnte ich mir nichts vorstellen! Es war dunkel.

»Du kannst den Kopf in meinen Schoß legen«, sagte Maria. »Dann kann ich erzählen.«

Das tat ich, und dann lauschte ich ihrer Stimme in der Dunkelheit.

»Nichts gab es am Anfang. Aber da sagte Gott: ›Es werde Licht!‹ Und es war Licht. Alles Licht um Ihn herum.«

»Er mag Licht, was?« sagte ich.

»Er wohnt in einem Licht, das keiner erreichen kann.«

»Kann man Gottes Licht sehen?« fragte ich.

»Hast du das Licht um das Kind gesehen?« fragte Maria.

Ich nickte schläfrig. Es war etwas schwierig zu nicken mit dem Kopf in ihrem Schoß, aber es ging. Denn natürlich hatte ich das Licht um den Jungen gesehen. Obwohl er genauso aussah wie Michaels kleiner Bruder und nicht wie eine Lampe leuchtete, sah man trotzdem ein Licht.

»Das ist das Licht Gottes«, sagte Maria. »Nur der, der Gott gerne hat, kann es sehen.«

»Bemerken andere das Licht nicht?«

»Ein Teil der Menschen bemerkt es und wird entweder wütend oder ängstlich. Andere merken nichts. Das ist verschieden.«

»Solche verhärteten Typen, was?« fragte ich.

»Ja, es ist Verhärtung, wenn man das Licht Gottes nicht sieht«, bestätigte Maria.

»Erzähl jetzt über den Anfang!« bat ich. Ich mochte das Wort: Anfang.

Und während Maria erzählte, reiste ich – wieder!

# 7. Am Anfang

Mit einem Mal war es so, als ob ich in der Luft herumflöge – wie auf einem Teppich, der in einer rasanten Fahrt dahinschwebte. Obwohl gar kein Teppich da war, nur ein starker, warmer, guter Wind, der mich trug. Gott ist wohl ein bißchen wie der Wind, glaube ich.

Ich hörte, wie der Wind säuselte. Aber dann hörte ich etwas

mehr. Es hörte sich wie Wellen an, die rauschten. Als ob ich über ein riesiges Meer fliegen würde. Dann spürte ich die Gischt von den Wellenkämmen. Und es war immer noch völlig dunkel.

Da hörte ich eine Stimme, die sagte: »Es werde Licht.« Es war keine besonders laute Stimme, sie schrie nicht oder so. Aber es gab sie überall. Und es war, als ob das Wort selbst leuchtete, denn es wurde hell durch das Wort. Es wurde wie mitten am Tag. Und ich sah ein riesengroßes Meer unter mir, mit Wellen, die sich gegenseitig jagten. Und ich sah einen tiefblauen, leuchtenden Himmel über mir.

»Tag«, sagte die Stimme. Und mit einem Mal merkte ich, daß es die Stimme des kleinen Jungen war. Es war Jesus, der die Stimme war. Und mir kam überhaupt nicht in den Sinn, mich darüber zu wundern, daß er hier war und mit mir flog. Es schien nur natürlich, daß er schon im Anfang bei Gott war. Und ich wunderte mich auch nicht darüber, daß er sprechen konnte. Alles war so selbstverständlich.

»Tag«, sagte der Kleine. Und dieser blaue Himmel ging auf, als er »Tag« sagte. Dieser blaue Himmel war das Wort »Tag«, das ich direkt über mir sah, soweit man sehen konnte.

»Nacht«, sagte der Kleine. Und die Dunkelheit schwebte vorbei und weg und wartete irgendwo anders.

Doch ich kann die Reihenfolge nicht richtig erzählen, denn nichts entstand, bevor er es gesagt hatte. Er sagte: »Teilt euch, Himmel und Meer!« Und da wurde es geteilt, so daß ich dazwischen fliegen konnte, vom Wind getragen. Davor war es wohl nur dunkel auf Marias Knien.

»Land«, sagte der Kleine, und es klang froh. Und ich schaute auf das Meer hinunter, und wie ein großer Kuchen aus Stein lag sein Wort da unten, während das Meer über die Klippen spülte. Ja, es war sein Wort, das zu einer Landmasse am Meer wurde.

»Grün«, sagte er, und ich hörte, wie froh es klang. Das Wort war ganz grün und begann sofort aus dem Boden zu wachsen, zu Bäumen, Büschen und Wäldern.

Er sagte es immer wieder hintereinander. Er warf mit dem Wort um sich wie mit Samen, die sofort Wurzeln schlugen und zu wachsen begannen.

»Fichte«, sagte er. Und ich sah einen Fichtenwald hervorwachsen. Zypressen, Apfelbäume, Birnbäume und Pflaumenbäume! Und es wuchs und wuchs da unten. Und er, der Kleine, hörte sich immer eifriger an. »Tomate und Spinat und Gurke!« sagte die Stimme. »Walderdbeeren!« Und ich erahnte einen roten Teppich aus Walderdbeeren unten auf einer Wiese. Und dann alle Blumen. Die Worte sprudelten nur so aus ihm hervor für alles, was wachsen kann, und die Worte wuchsen und wuchsen über die ganze Erde.

Dann schwieg er einen Augenblick. Und dann kamen neue Worte, aber diesmal war die Stimme tiefer, glaube ich. Es klang wie ein erwachsener Mann, der Sonnen als Worte in seinem Mund formen, sie hinausfahren und sich an den Himmel setzen ließ. Seinen Mund sah ich nie. Er war in dem Licht, in das niemand kommen kann, aber die Worte hörte ich, »Sonnenbälle, Sternengeglitzer« waren die Worte, und sie füllten den ganzen Himmel aus.

Vorher hatte ich geglaubt, daß es der Kleine war, Marias Baby, der alles gesprochen hatte. Jetzt war ich mir nicht mehr sicher. Denn ich wußte nur, daß es Gottes eigenes Wort war, das alles dies bewirkte. Es war, als ob der kleine Kerl Gottes Wort sei. Sie gehörten zusammen, er und Gott, wie – das sage ich – auch er und ich zusammengehören.

Übrigens hatte ich nicht viel Zeit zu überlegen, denn die ganze Zeit über geschah etwas Neues. Jetzt gab es schon Tag und Nacht und Himmel und Erde und das Meer. Und der Wind trug mich über eine Landschaft, die die schönste war, die ich je gesehen hatte.

Da blies ich wieder über das Meer. Und der Kleine (oder wer es war) rief »Barsche« und »Heringe« und »Wale« und »Krebse« und »Krabben« und »Quallen« und alles, was es im Meer gibt, so daß mir ganz schwindelig im Kopf wurde. Und dann die Vögel. Das wurde ein Flattern, daß ich mir die Ohren zuhielt und vor Entzücken lachte.

»Tauben!« sagte er. Und der Laut von seiner Stimme bekam Federn und Kopf und Schnabel, und Tauben flogen über Meer und Land.

»Adler!« sagte er. Und ich bekam fast Angst vor den großen Worten, die mit gewaltigen Flügelschlägen über die Küste glitten. Dann schwieg er eine Weile. Und da waren wir wieder über Land, und er schuf Tiger und Löwen und Spitzmäuse und Kaninchen und alles, was es dort gab. Auf einmal setzte mich der Wind auf die Erde.

»Es werde der Mensch«, sagte die Stimme. Und ich sah einen Mann und eine Frau. Zuerst meinte ich, daß es Papa und Mama seien, und wollte zu ihnen laufen. Aber dann sah ich, daß sie ihnen nur sehr ähnlich waren.

»Adam«, sagte Gott. »Eva! Das hier ist euer. Kümmert euch gut darum! Um Tiere und Fische und alles. Ist es nicht schön?«

Sie nickten und sahen froh aus.

»Und macht viele Kinder«, sagte Gott, »so daß es sie über die ganze Erde gibt.« Aber es wurden keine Kinder davon, daß Er es sagte.

»Nein«, sagte Gott, als ob Er gehört hätte, was ich dachte, »die Kinder dürft ihr selbst machen.« Obwohl ich Gott nicht sah, war Er doch die ganze Zeit überall. Und alles war so überwältigend gut, daß es fast weh tat. So froh war ich darüber, daß alles so gut sein konnte!

»Jetzt werde ich ruhen«, sagte Gott schließlich. Und da merkte auch ich, daß all dies ganz schön lange gedauert hatte, mindestens eine Woche. Und so ruhten wir, Gott und ich.

Und dann erinnere ich mich an gar nichts mehr.


# 8. Über das Einpacken von Totenköpfen und Spielzeugschlangen

»Hier kannst du aber nicht sitzen und schlafen«, sagte eine dicke Tante und stieß mich an.

»Ich schlafe nicht«, sagte ich. »Das glaube ich zumindest nicht.«

Ich war in der Marienkirche und fror. Der eine Fuß war eingeschlafen, so daß vielleicht doch der ganze übrige Rest von mir auch eingeschlafen war. Obwohl ich erst eingeschlafen war, als es mit der gesamten Schöpfung klar war und auch Gott sich ein Schläfchen genehmigte. Davor war ich auf Reisen gewesen, und das ist etwas anderes als schlafen.

»Jetzt wollen wir die Kirche abschließen, kleiner Mann. Du mußt dich also nach Hause trollen. Du wohnst doch wohl irgendwo?« fragte sie besorgt. Sie trug ein großes, schwarzes Seidenkleid aus einem glatten Stoff, der auf und nieder ging, wenn sie atmete. Sie versuchte nett zu wirken, aber sie machte keinen netten Eindruck.

»Weißt du, wie du heißt und wo du wohnst?« fragte sie und sah mich forschend an.

»Johannes Larsson, Kammakargatan 30, 3. Etage. Kann ich jetzt gehen?«

»Ja, um alles in der Welt«, sagte sie, es klang beleidigt. »Wir schließen die Kirche jetzt ab.«

»Wo befindet sich Gott dann?« fragte ich. »Bleibt er hier eingeschlossen zurück, oder geht er mit mir hinaus?«

»Versuche nicht, dich lustig über mich zu machen«, sagte sie streng.

»Ich meine es ernst«, sagte ich. Denn das war in der Tat so. »Wenn du mich nicht entdeckt, sondern eingeschlossen hättest, wäre Gott dann hier bei mir geblieben?«

»Ja, das kann man wohl sagen«, meinte sie unsicher. »Daran habe ich noch nie gedacht. Ich passe hier nur auf.«

»Aber wenn wir beide, du und ich, nun gehen und es hier leer wird, geht Gott mit uns, oder bleibt er hier?«

»Er wird wohl nicht hier in der Einsamkeit sitzen bleiben und herumhocken«, sagte sie. »Was weiß ich? Er geht wohl mit uns.«

»Aber wenn wir in verschiedene Richtungen gehen! Ich gehe zu mir nach Hause und du zu dir. Geht Gott dann mit mir oder mit dir?«

»Ja, wahrscheinlich nimmt er nicht die U-Bahn mit mir nach Ragsved. Er wird wohl mit dir gehen. Beeile dich jetzt! Ich kann deinetwegen nicht die ganze Zeit warten!«

»Ich glaube nicht, daß du es weißt«, sagte ich. »Es ist wichtig! Hast du schon darüber nachgedacht? Denk nach!«

Und dann ging ich.

Es schneite noch mehr als vorher. Ich stellte meinen Kragen hoch und ging die Drottninggatan entlang, so schnell ich konnte. Als ich nach Hause kam, waren Moa, Aino und Papa schon da. Mama war noch auf einem Basar. Papa hatte Würstchen in der Pfanne. Er brät immer auf der höchsten Stufe. Das geht schneller, aber sie werden etwas schwarz, wenn man nicht aufpaßt. Obwohl das Schwarze recht gut schmeckt.

Ich dachte an die Tante in der Kirche, als ich aß. Sie war etwas dumm, fand ich.

»Papa«, sagte ich, »befindet sich Gott in der Kirche?«

»Ja«, sagte Papa, »dort auch.«

»Auch wenn man sie abschließt und keiner mehr drin ist?«

»Ja«, sagte Papa, »aber Gott ist überall zugleich. Auf diese Weise kann man ihn nicht einschließen. Gut, was?«

Ich erzählte von der Tante in der Kirche. »Sie sagte, daß Gott nicht mit der U-Bahn nach Ragsved fährt.«

»Da hat sie unrecht«, sagte Papa. »Er ist auch dort mit dabei. Obwohl es vielleicht etwas leichter ist, ihn in einer Kirche zu bemerken als in einer U-Bahn. In der U-Bahn stört so viel.«

Jetzt waren Moa und Aino fertig mit essen und verschwanden kichernd in Moas Zimmer. Sie hatten eine Menge Pakete, die sie einpacken mußten, und ich durfte nicht dabeisein. Trübe Aussichten!

»Hast du Weihnachtsgeschenke gekauft?« fragte Papa.

»Ich habe noch kein Geld bekommen«, sagte ich.

»Ich habe etwas«, sagte Papa. »Sollen wir losgehen, bevor die Geschäfte schließen? Hast du Lust?«

Na klar, ich wollte.

Wir gingen zu Buttericks. Ich kaufte eine Schlange, die fast echt aussah und hin und her schlängelte, wenn man sie in der Mitte festhielt. Und einen grünen, selbstleuchtenden Totenkopf. Und eine Gorillamaske. Und einige Blumen, die aus einer Schnecke herauskommen, wenn man sie in Wasser legt. Und Slime, denn den hatte sich Aino gewünscht. Und ein Schnapsglas für Papa, das immer voll aussieht. Er durfte es nicht sehen, als ich es kaufte. Zum Glück kaufte er gerade etwas für mich.

Dann gingen wir nach Hause, und Papa und ich packten lauter Päckchen, während wir auf Mama warteten. Und ich murmelte ein bißchen vor mich hin.

»Es ist nicht so dumm, daß du zur Welt gekommen bist, kleiner Schreihals! Deinetwegen mühe ich mich damit ab, daß das Papier um den grünen, selbstleuchtenden Totenkopf für Rabbe festbleibt. Hast du daran gedacht, kleiner Wort-Junge, als du Mensch wurdest? Wahrscheinlich. Ich bin mir ganz sicher, daß du das getan hast.«

Dann kam Mama nach Hause, und bald roch es nach gekochtem Schinken aus der Küche.

Auf jeden Fall ist es nicht so schlecht mit Weihnachten.


## 9. Über Brot, das nach dem Baby schmeckt

Nicht morgen, aber dann den Tag, dachte ich, als ich einschlafen sollte. Zwei Tage bis Heiligabend. Und ich weiß nicht, was ich bekomme!

»Es ist nicht so wichtig, was man bekommt«, sagt Papa meistens. »Das Wichtige ist, sich zu erinnern, daß das Jesuskind geboren wurde.« Er, der schon alles hat, kann gut reden, aber für Kinder *ist* es wichtig, was sie bekommen!

Ein Spidermankostüm und ein Computerspiel, in zwei Teilen, und mehr Lego und eine Rennbahn und ... dann weiß ich nichts mehr. Eine Uhr mit Fernsehen. So was gibt es. Die will ich haben. Obwohl ich sie wohl kaum bekomme.

Er, der kleine Wort-Junge, bekam wahrscheinlich nicht so viel. Falls ich noch einmal dorthin reise und falls ich zwei Computerspiele bekomme, dann könnte er das eine bekommen. Aber wenn man das Spiel nicht aufteilen kann? Es ist aufregend genug in dieser Zeit! Übrigens ist er zu klein für solche Sachen.

Ich beschloß, im Schlaf direkt zu Maria und ihm zu reisen.

Das muß doch klappen, dachte ich, wenn ich nur richtig an sie denke, bevor ich einschlafe. Aber es ging nicht. Ich träumte von lebenden Schlangen in Buttericks Geschäft und davon, daß Michael und ich in Gängen herumschlichen, und dann war alles nur noch verschwommen.

Das war, bevor ich wußte, daß man an nichts Bestimmtes denken darf, wenn man verreisen will. Und insbesondere nicht daran, *daß* man verreisen will!

Und dann war der Tag vor Heiligabend. Wir mußten noch eine Menge aufräumen. Und eine Tanne kauften wir und dies und das. Am Abend war ich richtig fertig. Aber auch da wurde wieder nichts aus der Reise. Ich fing schon an, Angst zu bekommen, daß es nie wieder klappen würde.

Endlich Heiligabend! Gutes Essen, aber kein Michael. Schließlich wurde es Abend. Und da gab es endlich die Weihnachtsgeschenke!

Ich bekam ein Computerspiel: ein Männchen, das hoch und runter springt und DDT auf das Ungeziefer seiner Blumen spritzt, und wenn es nicht rechtzeitig spritzt, dann gehen die Blumen ein, und man bekommt Minuspunkte. Wenn drei Blumen eingegangen sind, dann muß man von vorne anfangen.

Ich mußte wieder an meine Reise denken: als der Wind mich trug und der kleine Wort-Junge alles mit Namen benannte, was dann zu wachsen begann. Da brauchte man keine DDT-Spritze, damit die Blumen nicht eingingen! Ich fragte mich, wo schließlich das Ungeziefer und so etwas herkam. Hatte er wirklich so was auch mit Namen gerufen? Alles wirkte so okay am Anfang.

Aber am besten gefiel mir ein Bauernhof mit einer Menge freilaufender Tiere. Ich baute ihn sofort auf. Dann waren da noch ein Paar Handschuhe und noch etwas, was ich vergessen habe. Keine Rennbahn. Aber das machte nicht so viel, denn der Bauernhof war besser.

Ziemlich spät am Abend war Christmette in Papas Kirche. Wir zogen uns an und gingen raus. Es war kalt, aber es machte Spaß, weil der Weg zur Kirche nur kurz ist, daß man erst gar nicht zu frieren beginnt. Wir wohnen ganz in der Nähe von Papas Kirche: Sie heißt Adolf-Friedrich-Kirche.

Die Pfadfinder, die normalerweise in unserem Keller Radau machen, waren da. Sie standen mit Fackeln vor der Tür. Das war schön. Und jetzt waren sie ganz still. Dann setzten wir uns auf eine Bank. Und schließlich sang Göran, der ebenfalls Pastor in Papas Kirche ist. Papa kann nicht singen, aber Göran singt in etwa so wie die Engel dort bei den Hirten. Er ist in Ordnung. Ich durfte einmal seine Goldfische im Büro füttern, und er wurde nicht böse, obwohl vier starben. Aber damals war ich erst fünf. (Übrigens durfte ich sie eigentlich gar nicht füttern, ich tat es aber trotzdem und ließ die Dose ins Wasser fallen. So was kommt vor, wie Göran sagte.)

Papa hielt irgendeine Rede. Viel zu lang. Sie war über das Jesuskind. Ich verstand nicht, was er sagte. Ich konnte nicht zuhören. Aber ich merkte, daß er nicht selbst dabeigewesen war. Davon sollte ich ihm irgendwann einmal erzählen, damit er Bescheid weiß.

Und dann sangen wir »Kommet, ihr Hirten«. Das ist schön. Es handelt von dem Morgen, an dem die Hirten und ich die Straße zum Stall hinunter fanden und dorthin kamen, bevor es hell geworden war. Daran dachte ich, als wir sangen.

Dann kam das Beste. Wir bekamen Brot und Wein. Ich auch. Das bekomme ich schon seit langem.

»Christi Leib für dich gegeben«, sagte Papa, als wir auf Knien vorne in der Kirche lagen. Und so bekam ich ein kleines Stück Weißbrot, das wie Papier ist und meistens trocken schmeckt, bis es zergeht.

Aber diesmal schmeckte es anders. Es schmeckte genauso, wie es beim Jesuskind im Haar gerochen hatte. Ja, denn ich hatte einmal an ihm geschnuppert, als Maria nicht hinsah. Das Brot schmeckte nach ihm. Und als das Brot im Mund zerging, war mir zumute wie damals, als der Wind mich trug und der kleine Junge sein Wort über die ganze Erde streute. Das Brot war solch ein Wort, das in meinem Mund zerging. Er ist gut, der Kleine! Ich mag ihn gern, merkte ich. Und anscheinend kann ich ihn treffen, ein wenig auf jeden Fall, nur dadurch, daß ich solch ein Brot esse, das »Christi Leib« genannt wird. Ich fragte Mama auf dem Nachhauseweg, was »Christi Leib« bedeute.

»Jesu Körper«, sagte sie.

»Essen wir ihn auf?« fragte ich. »Das klingt ja abscheulich! Ihn kann man doch wohl nicht aufessen?«

Obwohl – vielleicht doch? Solch ein weißes Wortbrot, das nach Baby riecht, kann man doch aufessen?

»Er hat gesagt, daß wir es so machen sollen«, sagte Mama.

Aha. Dann ist er selber schuld!

Und er *ist* gut, der kleine Wort-Junge!

# 10. Als alles kaputtging

Ich nahm meinen Bauernhof mit ins Bett, denn der war das beste Weihnachtsgeschenk. Dann schlief ich sofort ein.

Und ich weiß, daß Reisen etwas ganz anderes ist als Träumen. Aber anscheinend kann man manchmal auch im Traum reisen. Ich glaube, das liegt an Gott. Wenn ich schlafe und träume, komme ich selbst auf die Träume, in meinem Kopf. Aber wenn ich reise, dann ist es Gott, der mir irgend etwas zeigt oder mich irgendwohin mitnimmt.

Jetzt nahm er mich mit zum Anfang, als es Adam und Eva gab, die Papa und Mama etwas ähneln. Zuerst war ich in dem Garten, von dem Großmutter erzählt hatte. Garten Eden hieß er. Ich saß im Schatten unter einem Baum.

Da hörte ich einige tapsende Schritte. Ich hatte keine Angst, denn im Garten Eden kommt einem nichts gefährlich vor. Mehr aus Spaß kletterte ich auf einen Baum. Ich versteckte mich dort. Adam und Eva könnten mich ja finden und fragen: Was bist du denn für ein kleiner Strolch? Und dann würden wir zusammen spielen. Sie hatten wohl noch keine Kinder, so daß es ihnen sicher Spaß machen würde, mit mir zu spielen.

Es war Eva, die kam. Sie war nackt wie Mama, wenn wir auf unserem Grundstück sind, wo uns keiner sieht. Deswegen hörte es sich auch so weich tapsend an, als sie kam. Sie ging barfuß.

»Hallo, Eva!« rief eine Stimme direkt neben mir.

Und *da* bekam ich riesige Angst. Denn es war eine große Schlange in demselben Baum, in dem ich saß. Eine sprechende Schlange! Sie hörte sich genauso unheimlich an wie Ka im Dschungelbuch. Sie versuchte nett zu wirken, aber man hörte sofort durch, daß sie unheimlich hinterlistig war.

Lauf, Eva! Die Schlange ist gefährlich! wollte ich rufen. Aber ich wagte nicht, irgend etwas zu sagen. Ich saß nur im Baum und zitterte und hatte Angst, daß die Schlange mich entdecken würde.

Aber es war so merkwürdig, denn Eva bekam überhaupt keine Angst. War sie irgendwie dumm? Sie sah so nett aus. Sie war fast wie Maria. Aber warum lachte sie die Schlange so seltsam an? Das kleinste Kind sah doch, daß sie ein fieser Typ war.

»Guten Morgen«, sagte Eva. »Wer bist du?«

»Ich bin die Schlange«, sagte die Schlange.

»Und ich bin Eva«, sagte Eva. »Ich wußte nicht, daß du hier wohnst.«

»Es gibt viel, was du nicht weißt«, sagte die Schlange.

»Vielleicht«, sagte Eva und lachte. »Aber wenn es etwas gibt, was wir wissen müssen, dann weiß Adam Bescheid.«

»Ich kann dir helfen«, sagte die Schlange.

»Danke«, sagte Eva. »Kannst du Wasser tragen?«

»Nein«, zischte die Schlange. »Aber ich kann dir helfen, daß du klug wirst.«

»Brauche ich nicht«, sagte Eva. »Mir gefällt es so, wie ich bin.«

»Gut!« flüsterte ich. »Glaub ihr nicht! Sie ist dumm!«

Da drehte die Schlange ihren Kopf um und zischte mich leise an. Und als ich in ihre Augen sah, da wurde mir ganz schwindelig vor Angst. Ich hatte so etwas Hinterlistiges noch nie in meinem Leben gesehen. Und trotzdem waren diese Augen auch schön. Wie große schwarze Löcher, in denen man untertauchen kann und nie wieder hochkommt.

Ich sah statt dessen auf Eva. Ihre Augen waren gütig. Sie sah ruhig und froh in die Augen der Schlange. Und sie sah dabei aus wie Maria, als sie auf den kleinen Jungen blickte. Ganz ruhig und froh.

»Paß auf, Maria!« schrie ich. Ich ereiferte mich so, daß ich mich verriet. Aber gerade da raschelte die Schlange so laut sie nur konnte, so daß Eva mich nicht hörte.

»Wie solltest du mir helfen können?« fragte Eva neugierig.

»Das ist ganz einfach«, sagte die Schlange. »Du nimmst nur eine der Früchte von diesem Baum hier und ißt sie. Dann wirst du genauso klug wie Gott und ich. Dann weißt du, was gut und was schlecht ist.«

»Schlecht?« fragte Eva. »Was ist das?«

Weißt du das nicht? dachte ich. Das ist doch das, was die Schlange ist. Paß auf! Ich wagte nicht, mehr zu sagen. Obwohl die Schlange Eva direkt in die Augen sah, schien sie gleichzeitig auch mich sehen zu können.

»Weißt du das etwa nicht?« fragte die Schlange. »Gott weiß es. Und ich weiß es. Iß, dann wirst du es auch wissen!«

Und die Schlange drückte mit dem Schwanz einen Ast herunter, so daß eine wunderbare, schöne Frucht ganz in die Nähe von Evas Hand kam. Es galt nur noch, sie zu pflücken, wenn Eva wollte. Und die Frucht war ganz goldgelb und sah saftig und lecker aus.

Eva lachte.

»Weißt du nicht, daß Gott gesagt hat, daß Adam und ich nicht von diesem Baum essen dürfen? Dann sterben wir, hat Er gesagt.«

(Ja, Eva! Du schaffst es! Solch ein Glück, daß Gott euch gewarnt hat!)

Die Schlange lachte. Es klang, wie wenn man Sandpapier an einem Holzstamm reibt. »Du stirbst nicht«, sagte sie. »Gott, der so gütig ist, würde euch wohl nicht deswegen töten, nur weil ihr eine kleine Frucht gegessen habt. Früchte sind so lecker!«

»Nein«, sagte Eva. »Es ist nur dieser Baum hier, von dem wir nicht essen dürfen, glaube ich. Man wird davon klug, hast du gesagt?«

»Sehr klug«, sagte die Schlange.

»Dann kann es wohl nicht so gefährlich sein«, sagte Eva unsicher.

»Überhaupt nicht gefährlich!« flüsterte die Schlange.

»Überhaupt nicht gefährlich? Nun gut!«

Das hier war das Schrecklichste in meinem Leben. Schlimmer, als wenn ich der Schlange in die Augen sah. Denn alles war so unheimlich schön. Und ich wußte, daß es in einem Augenblick kaputtgehen würde. Und Eva sah genau wie Mama aus, wenn sie am schönsten ist, und sie nahm die Frucht und brach sie ganz leicht ab und aß einen Bissen.

Dann war es nicht länger schön. Die Farben wurden gräulich. Eva sah plötzlich häßlich und böse aus und war nicht mehr ein Fitzelchen Mama oder Maria ähnlich. Eher so, wie wenn Mama richtig wütend ist. Und es blies kalt, und ich weinte nur, und weinte. Das Schöne war kaputtgegangen und häßlich geworden.

»Alles ist kaputtgegangen!« schluchzte ich. »Es ist kaputtgegangen!«

»Nein«, sagte Mama und legte mich anders hin. »Ich habe nur den Bauernhof weggestellt, als du geschlafen hast. Nichts ist beschädigt. Schlaf nur!«

Aber es war nicht nur ein Traum gewesen. Ich war an den Anfang gereist, als alles kaputtging. Und das war so schrecklich. Und das ist immer noch schrecklich.

Denn jetzt weiß ich, daß alles immer noch kaputt ist.


# 11. Soll man etwa nicht die Wahrheit sagen?

Danach war alles nur noch ein einziges Durcheinander.

Ich wußte genau: Das, was ich im Garten Eden gesehen hatte, war wahr. Ich wußte, daß alles kaputtgegangen war, als Eva in die Frucht biß. Denn das merkte ich ja, als ich meine Schuhe nicht fand und der Schnee wegregnete und alles grau und öde wurde. Und Mama war sauer. Das ist sie immer, wenn sie frei hat, finde ich. Und Michael war immer noch weg. Und meine Freunde tobten im Park. Ich durfte nicht dabeisein. Da wußte ich, daß alles nur an dieser elendigen Schlange lag.

Das sagte ich. Es war dumm.

Mama hatte gesehen, daß ich traurig war, und fragte weshalb. Und da erzählte ich es. Sie lachte und sagte: »Aha, du hast von Adam und Eva und dem Apfel gehört.«

»Das war kein Apfel«, sagte ich. Denn ein Apfel war es nicht gewesen.

»Das ist doch nur so eine Art Sage«, beruhigte mich Mama. »Deshalb brauchst du dir keine Sorgen zu machen.«

»Ja, aber alles ging doch kaputt damals«, sagte ich. »Danach ging die ganze Welt kaputt. Soll man sich deshalb keine Sorgen machen?«

»Das ist nur eine Sage«, sagte Mama wieder. »Die Menschen versuchen zu erklären, warum es das Schlechte und das Böse in der Welt geben darf. Und so erfand man die Geschichte von Eva, die von der Schlange hereingelegt worden war.«

»Ja, aber ich habe die Schlange *gesehen*«, sagte ich. »Ich habe selbst gesehen, wie Eva aß und alles kaputtging. Ich hatte eine riesige Angst vor dieser Schlange, Mama! Die hat ja alles kaputtgemacht!«

Aber das hätte ich nicht sagen sollen. Denn jetzt sah Mama besorgt aus. Sie fühlte sogar an meiner Stirn, ob ich Fieber hätte. Dann sagte sie nur, daß ich nicht an die Schlange denken solle. Sie sei nicht gefährlich, denn es gäbe sie nicht. Und als sie dies sagte, sah sie mir so ernst in die Augen, wie sie es nur manchmal macht. Und da fing ich an zu weinen, denn in diesem Augenblick war mir so, als ob ich in die Augen der Schlange blickte, als sie Eva hereinlegte.

Dann ging es vorbei, und Mama war wieder normal. Und sie fragte, ob ich wegen etwas anderem traurig sei. Ob ich mich nach Michael sehne oder so. Und das tat ich ja. Oder ob jemand böse zu mir gewesen sei. Da erzählte ich, daß wir uns im Park gezankt hatten. Aber nur ein bißchen. Eigentlich nichts Ernstes. Mama schien zufrieden, nachdem ich es ihr gesagt hatte. Sie sagte, ich dächte sicher deswegen an die Schlange. Aber ich wußte, daß es genau umgekehrt war. Es war, weil ich die Schlange gesehen hatte, die ich überall dort wiedererkennen konnte, wo Leute dumm waren. Und es war, weil ich gesehen hatte, wie es im Garten Eden war, als alles noch heil war.

Ich wurde ärgerlich. »Du bist so dumm!« schrie ich. »Du siehst ja nicht mal, daß alles kaputtgegangen ist! Deswegen bin ich so traurig!«

Da sah sie wieder besorgt aus und schwieg. Nein, sie sagte, daß wir etwas später in »Donald Duck« gehen könnten. Das taten wir dann auch. Aber es machte mir keinen Spaß. Denn ich sah, daß auch im Film alles kaputt war. Die Leute lachten noch darüber, daß alles kaputt war. Auch Mama.

Später sagte ich es Mama, aber da wurde sie ärgerlich und sagte, daß ich heute völlig unmöglich sei und daß mich wohl kein guter Einfall froh machen könne.

Also, man darf hier im Haus nicht einmal mehr die Wahrheit sagen! Denn es ist *wahr*, daß die Schlange alles zerstört hat.

Und soll man etwa nicht die Wahrheit sagen?


## 12. Es gibt Träume über Träume, sagte Josef

»Ja, aber du hast doch selbst gesagt, daß sie dich gar nicht so doll geärgert haben«, sagte Mama. Sie schien entnervt. »Das haben sie sicher nur gestern einmal getan. So ist das eben manchmal. Außerdem kannst du sie ja auch wieder ärgern. Geh raus und spiel eine Weile. Das ist das Beste für dich!«

Ich hatte keine Lust. Aber Mama wollte anscheinend zu Hause ihre Ruhe haben. Also ging ich. Und es war natürlich viel schlimmer. Ich kam nicht einmal bis in den Observatoriumspark, bevor die anderen wieder anfingen, mich zu ärgern. Deswegen kehrte ich um.

Dort in der Nähe gibt es eine Schlittschuhbahn. Ich kann nicht Schlittschuh laufen, aber den Umkleideraum, wo man die Schuhe wechselt, finde ich schön. Also setzte ich mich dort hin. Außer mir war sonst niemand da. Schön!

Aber ich sollte dort nur für eine kleine Weile meine Ruhe haben. Dann öffnete jemand die Tür.

»Sitzt du hier?« fragte Josef. Merkwürdig, er war es.

»Hast du keine Lust, mit mir zu kommen und etwas zu schreinern?«

Natürlich hatte ich Lust!

Als wir aus dem Umkleideraum gingen, der wie eine Holzhütte gebaut war, kamen wir direkt auf den Hügel vor dem Stall im Heiligen Land. Er führte mich zu einem Schuppen neben dem Stall, wo es eine Menge altmodisches Werkzeug gab.

»Ich bin Schreiner«, sagte er. »Ich habe meine richtige Werkstatt oben in Nazareth. Aber bis dorthin ist es ziemlich weit. Ich kann diese Werkstatt benutzen, bis Maria, der Junge und ich nach Hause fahren. Soll ich etwas für dich machen?«

»Was denn zum Beispiel?«

»Eine Arche mit Tieren«, sagte Josef. »Hast du von Noah gehört und davon, wie Gott die Welt reinwusch?«

»Ein wenig«, sagte ich. »Es hat etwas damit zu tun, daß es fürchterlich regnete, nicht? Und die ganze Welt ertrank?«

»Ja«, antwortete Josef. »Aber Gott errettete die Welt auch. Noah sollte ein großes Boot bauen, eine Arche nannte man das. Und dann belud er das Boot mit allen möglichen Tieren. Und als es ausgeregnet hatte und die Erde reingewaschen war, da ließ Noah die Tiere frei, und sie verbreiteten sich wieder über die Erde.«

»Also wiederholte er den Anfang oder so ähnlich, der Gott?«

»Das kann man vielleicht sagen.«

»War es danach denn besser?«

»Nein«, sagte Josef. Er sah traurig aus. »Es ist nicht besser geworden.«

»Aber jetzt wird es besser, nicht?« fragte ich. »Jetzt, wo dein Kleiner gekommen ist.« Josef sah erstaunt auf. Er hatte schon eine kleine Arche aus einem Holzstück geschnitzt. Ein großes, bauchiges Boot war es mit mehreren Decks. Nun war er gerade damit beschäftigt, Tiere zu schnitzen.

»Wie kannst du das wissen«, fragte er, »daß es jetzt besser wird, nachdem wir Jesus bekommen haben?«

»Ja, aber das weiß man doch!« sagte ich. »Ist er es denn nicht, der die Welt mal ordentlich reinwaschen soll?«

»Ich glaube, das stimmt«, sagte Josef nachdenklich.

»Denn alles wurde schmutzig, oder es ging irgendwie kaputt, nachdem diese fiese Schlange Eva dazu verleitet hatte, von der Frucht zu essen.«

»Du hast recht«, sagte Josef, »sicherlich ging alles irgendwie kaputt. Aber woher weißt du das überhaupt?«

»Ich habe es geträumt«, sagte ich. »Ich träumte, daß ich dabei war, als Eva hineinbiß. Und das war schrecklich.«

Und dann erzählte ich Josef den Traum.

»Das ist kein gewöhnlicher Traum«, sagte er.

»Nein«, sagte ich. »Das nicht.«

Es ist schön, mit Leuten umzugehen, die etwas begreifen.

»Aber die meisten Träume sind wohl solche, die man selbst erfindet«, meinte ich.

»Ja«, sagte Josef.

»Aber dann gibt es noch andere Träume, nicht?« fragte ich. »Nämlich, wenn Gott etwas erzählt.«

»Genauso ist es«, bestätigte Josef.

»Hast du auch schon mal so was geträumt?« fragte ich.

»Habe ich«, antwortete Josef. Und dann erzählte er.

»Maria hat dir wohl berichtet, wie es vor sich ging, als der Kleine in ihr zu wachsen begann?«

Ich nickte.

»Weißt du, Johannes, ich habe ihr erst nicht geglaubt. Ich dachte, daß sie lügt. Oder verrückt geworden ist. Und ich wurde sehr traurig, weil ich sie so sehr mochte. Ich spielte mit dem Gedanken, mich von ihr zu trennen, ohne ihr allzu weh zu tun.«

»Warum das denn?« fragte ich erschrocken. »Wenn du sie doch mochtest!«

»Ja, warum?« sagte Josef. »Wir denken hier so in meinem Land. Eine Frau, die nicht nur zu ihrem eigenen Mann hält, die muß man verlassen.«

»Das finde ich dumm«, sagte ich. »Wenn man sie doch mag, dann kann man sie doch nicht verlassen!«

»Nein, vielleicht hast du recht. Wie der Prophet Hosea. Der hatte eine solche Frau, die dauernd anderen hinterherlief. Und Gott sagte, daß er sie trotzdem nicht verlassen solle.«

»Gut«, sagte ich. »Es ist ein guter Gott, den ihr hier habt.«

Josef lachte.

»Ja«, sagte er. »Es ist ein guter Gott, den wir hier haben. Übrigens gibt es keinen anderen als ihn. Es ist der, der mir geholfen hat. Und gerade das geschah in einem Traum. Er schickte im Traum einen Engel, der mir erklärte, daß Maria die Wahrheit gesagt hat.«

»Sagte er sonst noch was?«

»Daß das Kind Jesus heißen soll. Und das bedeutet ›Der Herr ist die Rettung‹.«

»Nein«, unterbrach ich Josef. »Das darfst du nicht machen!«

Er war gerade dabei, zwei Schlangen für die Arche zu schnitzen.

»Die müssen auch dabeisein«, sagte Josef. »Noch eine Zeitlang müssen sie dabeisein.«

»Aber dann wird er da drinnen wohl Schluß mit der Schlange machen, nicht?« fragte ich und nickte zum Stall hin, wo Maria und der Kleine noch immer waren.

»Ja, das glaube ich«, sagte Josef. »So habe ich es jedenfalls verstanden. Aber das wird nicht leicht. Der Prophet hat gesagt, daß er, der Kleine, den Kopf der Schlange zertrampelt.«

»Ich finde, das macht er zu Recht. Denn die Schlange ist schlecht.«

»Aber es steht auch geschrieben, daß die Schlange ihn beißen wird«, sagte Josef. »Und daran zu denken ist überhaupt nicht lustig für einen Vater.«

»Für eine Mutter auch nicht«, sagte Maria, die plötzlich in der Tür stand. »Aber habt ihr mal in den Himmel geschaut?«

Das hatten wir nicht. Obwohl es mitten am Tag war, leuchtete ein Stern direkt über dem Stall.

»Dann bekommen wir bald Besuch«, sagte ich. »Drei weise Männer. Mit Geschenken.«

# 13. Drei Könige zu Besuch

Ja, dort hinten kamen sie schon auf ihren Kamelen geritten. Einer war schwarz, genau wie in der Weihnachtskrippe in der Marienkirche. Und alle waren so fein angezogen. Josef ging ihnen entgegen und begrüßte sie. Ich folgte ihm. Maria ging in den Stall. Sie wollte den Kleinen nicht länger allein lassen.

Am spannendsten war es, als sich die Kamele hinlegten. Es war, als hätten sie Scharniere in den Beinen, die eingeklappt wurden, jeweils zwei. Zuerst die Vorderbeine, so daß die weisen Männer sicher Kopf gestanden hätten, wenn sie nicht geübte Kamelreiter gewesen wären. Dann die Hinterbeine. Und dann brauchte man nur noch abzusteigen.

Ich war äußerst neugierig darauf, die Geschenke zu sehen. Gold, Weihrauch und Myrrhe sollten es sein. Und so war es auch, genau wie Großmutter erzählt hatte. Das Gold war ganz schwer und gelb. Der Weihrauch sah nicht besonders aus. Ganz so wie diese Zapfen, die man bei Buttericks kaufen kann und die süßlich, aber ziemlich gut riechen, wenn man sie anzündet. Die Myrrhe duftete sehr gut, sie sah aus wie Harz. Blöde Geschenke für ein Kind! Aber die drei machten einen netten Eindruck. Sie fielen an der Krippe auf die Knie und sagten, daß sie in den Sternen gelesen hätten, daß bei den Juden ein König geboren werden sollte, der sehr groß und berühmt werden würde. Und da wollten sie natürlich zu ihm reisen und ihn besuchen. Sie hatten entdeckt, daß der große Stern hier, der direkt über dem Stall stand, ihnen den Weg wies. Sie brauchten ihm nur zu folgen. Wenn sie auf dem Weg anhielten und schliefen, dann hielt auch der Stern an und wartete, bis sie aufgewacht waren, ihren Morgenkaffee getrunken hatten und auf ihre Kamele gestiegen waren. Ganz schön praktisch gemacht von Gott!

Aber dann machten sie was ganz Dummes. Ich merkte es Josef an, als sie von ihrer Reise erzählten. Er wurde ganz finster im Gesicht und unruhig. Und Maria hob den Kleinen plötzlich hoch und nahm ihn in den Arm, obwohl er gerade schlief und davon geweckt wurde und zu schreien anfing.

44

Ja, als sie nach Jerusalem, in die Hauptstadt hier, gekommen waren, da dachten sie, daß der Judenkönig natürlich im Palast geboren wäre. So hörten sie auf, dem Stern zu folgen, und ritten statt dessen hinauf zum Schloß. Zur Königsburg, wo Herodes wohnt.

Da reiste ich wieder. Je weniger ich darüber nachdachte, desto besser klappte es, hatte ich bemerkt. Es reichte, daß sie von ihrem Besuch bei Herodes berichteten. Plötzlich war ich überhaupt nicht mehr im Stall bei Josef und Maria, sondern in Herodes' Burg.

Er saß auf einem Thron und sah merkwürdig aus. Einen langen, strähnigen Bart hatte er und feine Kleider. Aber ich spürte sofort, daß er böse war.

Die weisen Männer kamen herein und verbeugten sich bis zum Boden. Herodes sah zufrieden aus, daß er so hohen Besuch bekommen hatte. Er nickte freundlich, hieß sie willkommen und sagte, daß sie ruhig aufstehen sollten.

»Und was wollt ihr?«

Sie sagten, sie wollten den neuen Judenkönig sehen. Und sie erzählten ihm, was sie in den Sternen gelesen hatten.

Da wurde mir wieder so unheimlich. Ich schaute die ganze Zeit auf Herodes. Obwohl er versuchte, nett und ruhig zu wirken, sah ich, daß er wütend und ängstlich zugleich war. Ich hatte mich hinter einem Pfeiler im Palast versteckt. Ich stand so, daß ich Herodes direkt ins Gesicht sehen konnte. Und nun merkte ich, daß ich ihn wiedererkannte. Es waren die Augen, die ich wiedererkannte, die Augen der Schlange!

Jetzt wollte ich die weisen Männer anschreien: Paßt auf, er will euch hereinlegen, sagt nichts! Er will dem kleinen Wort-Jungen nur etwas antun! Er ist die Schlange! Aber ich brachte kein Wort heraus. Statt dessen hörte ich, wie Herodes mit seiner sanftesten Stimme sagte, daß hier auf keinen Fall ein kleiner Judenkönig geboren sei. Aber er könne sich vorstellen, daß solch ein kleiner König auch irgendwo anders geboren sein könnte, hier in der Nähe. Und in diesem Falle wolle er, Herodes, natürlich auch gratulieren! Deshalb wäre es außerordentlich nett, sagte Herodes, wenn die weisen Männer weitersuchten. Falls sie das Neugeborene fänden, könnten sie ja wohl zurückkommen und Bescheid sagen, wo er sei?

»Natürlich«, sagten die drei weisen Männer. Sie merkten nicht einmal, daß die Bosheit aus Herodes' Augen geradezu hinaussprudelte! Sie waren genauso ahnungslos wie Eva, bevor sie in die Frucht biß. Nett und dumm! Leicht hereinzulegen, genau wie Eva!

Plötzlich war ich wieder im Stall. Und ich sah Josef an, daß er dachte wie ich. Er traute Herodes nicht. Aber er sagte nichts.

Statt dessen aßen wir zu Abend. Und dann machte Maria drei Betten für die Könige auf dem Boden zurecht. Sie fand es am besten, daß wir erst einmal schliefen, wo es nun schon so spät geworden war. So wurde es diese Nacht richtig eng im Stall.

# 14. Auf der Flucht

Es wurde eine unruhige Nacht. Ich war wohl der einzige, der gut schlief. Am Morgen war Josef ganz bleich.

»Wir müssen sofort losziehen«, sagte er aufgeregt. »Ein Engel hat mich im Traum gewarnt. Wir müssen nach Ägypten fliehen!«

Die drei Könige sprachen ebenfalls miteinander. Eifrig und aufgeregt in ihrer eigenen Sprache. Sie hatten natürlich auch Träume gehabt. Gott hatte ihnen gesagt, was sie tun sollten: Sie sollten nur nicht zurück zu Herodes reiten und davon berichten, daß sie Jesus gefunden hätten. Sie sollten direkt nach Hause zurückreiten.

Sie fühlten, daß sie eine Dummheit begangen hatten. Sie hatten gedacht, herzukommen, um dem Kind ihre Ehre zu erweisen, und sie hatten wertvolle Geschenke mitgebracht. Dann aber hatten sie sich dumm angestellt, so daß das Jesuskind in Gefahr geriet und Josef und Maria sofort fliehen mußten.

Maria räumte auf und packte. Es waren gar nicht so viele Sachen. Nicht mehr, als auf ihren Esel paßte. Und etwa zur selben Zeit, als sich die Kamele erhoben und nach Osten zogen, da begann der Esel in die entgegengesetzte Richtung zu traben. Maria saß auf dem Esel und hielt das Kind auf ihrem Arm. Ich durfte ebenfalls auf dem Esel mitkommen. Ganz vorne durfte ich sitzen.

Wenn es nicht so unheimlich gewesen wäre, dann wäre es lustig gewesen. Josef ging neben dem Esel her. Ein über das andere Mal wandte er sich um und sah nach, ob wir verfolgt würden. Aber es war früh am Morgen, und noch war niemand draußen. Wir sahen nur einige Ziegen hier und dort vor den kleinen Häusern am Weg.

Der Stern war übrigens verschwunden. Das war das erste, was ich bemerkte, als wir aus dem Stall kamen. Der Stern wurde nicht länger gebraucht. (Und wären die ungeschickten weisen Männer ihm die ganze Zeit gefolgt, dann hätten wir jetzt nicht fliehen müssen!)

Es war mühsam, Stunde für Stunde auf dem Esel reiten zu müssen. Aber ich hörte zu, wenn Josef und Maria miteinander sprachen. Da verstand ich besser, was geschehen war.

»Hast du verstanden, wie sie den Stall gefunden haben?« fragte Maria. »Nachdem sie den Stern in Jerusalem verloren hatten?«

»Das war das Schlimmste«, sagte Josef. »Sie fragten Herodes, wo der König denn hätte geboren sein können, wenn nicht in Jerusalem. Und der rief seine Schriftgelehrten, und sie lasen und lasen, und dann war da einer, der die Stelle beim Propheten Micha fand, du weißt, die, die wir so viele Male gelesen haben. Daß er in Bethlehem auf die Welt kommen sollte. Es war Herodes, der sagte, daß sie dort weitersuchen sollten.«

»Dann sind seine Soldaten wohl schon da«, sagte Maria voller Angst.

»Soldaten?« fragte ich. »Was will er denn mit Soldaten?«

»Er will den Kleinen umbringen«, antwortete Maria.

Da bekam ich noch mehr Angst. Denn ich hatte ja gesehen, daß Herodes böse war. Er hatte genau die Augen der Schlange. Aber trotzdem, so etwas tut man nicht, selbst wenn man so böse ist wie er.

»Nee«, sagte ich nur. »Das kann er wohl trotzdem nicht tun.«

»Er kann«, sagte Josef. »Wenn Gott ihn nicht hindert.«

Da wurde ich wieder froh.

»Du sagst es!« rief ich. »Wie dumm wir sind! Gott hat dir gesagt: Fliehe! Dann wird er wohl auch helfen, meine ich! Alles andere wäre dumm!«

»Manchmal werde ich aus Gott nicht schlau«, sagte Josef.

Da fiel mir etwas von dem ein, was mir Großmutter erzählt hatte.

»Ich weiß«, sagte ich. »Ich weiß, daß es gutgeht. Er wird auf keinen Fall sterben! Jedenfalls nicht jetzt«, fügte ich hinzu. Denn jetzt dachte ich daran, daß er gekreuzigt werden würde, und an dieses ganze Elend. Das wollte ich ihnen aber nicht sagen. Ich wollte auch selbst nicht daran denken. Ich fing an, diesen kleinen Jungen unheimlich gern zu haben.

Es war schön zu wissen, daß es wenigstens jetzt gutgehen würde. Dann dauerte es nicht lange, bis wir bei einem Wirtshaus anhielten und Josef mich vom Esel herunterhob.

Das war schön, denn ich war schrecklich durstig.


# 15. Manchmal werde ich aus Gott nicht schlau

Der einzige, der nicht müde war, war Jesus. Er hatte fast den ganzen Weg in Marias Arm geschlafen, und nun war er hellwach. Aber Maria und ich und besonders Josef, der den ganzen Weg gelaufen war, wir waren um so müder.

Ein freundlicher Wirt kümmerte sich um uns und ließ uns sofort am Tisch Platz nehmen und brachte Essen. Die ganze Zeit über plauderte er von diesem und jenem, genauso wie es Wirte meistens tun. Er fragte, wer wir seien und wohin wir gingen, und erzählte die letzten Neuigkeiten.

Maria flüsterte mir zu, daß ich still sein sollte. Sie selbst sagte nichts. Josef antwortete höflich, aber ausweichend. Sie hatten Angst, das merkte man. Der Wirt schien nett, aber stell dir vor,

Herodes' Soldaten kämen her, nachdem wir aufgebrochen waren, und er plauderte etwas über uns aus? Deshalb war es am besten, nicht allzuviel zu sagen.

Anfangs war es schön, in der Wärme sitzen zu dürfen. Das Heilige Land hat recht seltsames Wetter, finde ich. Tagsüber ist es so heiß, daß man wegschmilzt, insbesondere wenn man auf einem Esel enge, verschlungene Wege reitet. Abends, von der Nacht ganz zu schweigen, wird es so kalt, daß man friert. Und jetzt war es schon Nacht.

Zu dieser Zeit waren nur wir im Wirtshaus. Der Wirt hatte ein Feuer entfacht, das leuchtete und wärmte. Ich war satt und zufrieden und kuschelte mich in der Nähe des Feuers ins Stroh.

Da wurde die Tür geöffnet, und ein Mann kam herein.

Josef und Maria lagen neben mir. Ich spürte, wie sie sich vor Angst aneinanderschmiegten. Maria legte sich so, daß sie das Kind so gut es ging verbarg.

Es war ja ein kleines Kind, nach dem Herodes' Knechte suchten. Aber der, der hereinkam, war kein Knecht.

Ich glaube, er fuhr herum und kaufte und verkaufte Sachen. Der Wirt plauderte mit ihm, und ich belauschte die beiden.

»Ich bin hungrig wie ein Löwe«, sagte der Mann. »Ich bin seit heute vormittag von Bethlehem hierhergeritten.«

Ich spitzte die Ohren. Das taten Josef und Maria ebenfalls, merkte ich.

»Was Neues aus Bethlehem?« fragte der Wirt.

»Eine unvorstellbare Geschichte«, sagte der Mann. »Herodes ist jetzt völlig verrückt geworden!«

»Leise«, sagte der Wirt und zeigte mit der Hand auf Josef und Maria. »Wir sind nicht allein.«

(Stellt euch vor, er glaubte, daß wir vielleicht Herodes' Freunde wären und ausplaudern könnten, daß der Freund gesagt hatte, Herodes wäre verrückt geworden. Wie schnell die Leute Angst voreinander bekommen können, obwohl sie es gar nicht bräuchten!)

Der Fremde senkte die Stimme ein wenig. Aber er war so aufgeregt, daß er bald vergaß, leise zu sprechen. Wir hörten das meiste:

Am Morgen waren Massen von Soldaten nach Bethlehem gekommen. Sie waren in jedes Haus gegangen und hatten gefragt, ob es dort kleine Jungen gäbe, am besten Neugeborene. Und in jeden Jungen, der zwei Jahre oder jünger war, hatten sie ihr Schwert gestoßen und ihn getötet.

Ich begann leise zu weinen. Es war überhaupt nicht mehr schön hier vor dem Feuer. Ich glaubte, die Augen der Schlange in der Glut zu sehen. Überall in der Dunkelheit schlängelte sich die Schlange. Dann hörte ich, wie auch Josef und Maria leise zitternd weinten, und ich spürte noch etwas anderes. Der kleine Junge bewegte sich im Schlaf, so daß er schließlich neben mir lag. Es kitzelte ein bißchen, aber es war schön. Die Schlange war nicht länger gefährlich. Daß man von einem so kleinen Kind getröstet werden kann, das doch selbst so hilflos ist!

Trotzdem mußte ich denken: Kleiner Wort-Junge, du bist nicht schuld, aber deinetwegen mußten all die kleinen Jungen sterben. Hätte es dich nicht gegeben, hätten sie leben können! Stellt euch vor, einen Augenblick lang wünschte ich, daß es ihn nicht gegeben hätte.

Aber wer sollte dann den Kopf der Schlange zertreten? Was gibt es denn für einen Sinn in der Welt, wenn die Schlange am mächtigsten ist?

Nein, ich verstehe nichts. Ich begreife die Bedeutung dieses Kleinen nicht. Ich weiß nur, daß ich ihn mag. Und ich sage wie Josef:

Manchmal werde ich aus Gott nicht schlau.


# 16. Jemand weint in Rama

Ich erwachte davon, daß ich schrie. Ich hatte irgend etwas geträumt. Ich glaube, die Schlange war gerade dabei gewesen, ihren Schwanz, der wie ein spitzer Speer war, in die Seite von Marias Kleinem zu stoßen. Da wußte ich sicher, was auch immer passierte, ich wollte, daß dieser Kleine hier lebte. Er kann ja nichts dafür, daß Herodes schlecht ist. Es ist ja nicht er, der die Schlange böse gemacht hat. Denn all die Worte, die er am Anfang ausgesät hatte, waren gute Worte.

Josef wachte auf und nahm mich in den Arm.

»Hast du auch gehört, was der Fremde berichtet hat?« flüsterte er.

»Ja«, flüsterte ich zurück.

Wir waren jetzt allein im Zimmer. Das Feuer war heruntergebrannt, und es war recht kalt. Josef legte seinen Mantel um mich. Obwohl wir allein waren, flüsterten wir.

»Einen Ruf hört man in Rama, Heulen und laute Klage. Rahel beweint ihre Kinder. Sie läßt sich nicht trösten, denn es gibt ihre Kinder nicht mehr.«

Josef sagte dies zu sich selbst. Immer wieder. Ich verstand nicht, was es bedeutete, aber es hörte sich wichtig und traurig an. Ich verstand, daß er die toten Jungen in Bethlehem meinte.

Schließlich wagte ich ihn trotzdem zu fragen: »Was bedeutet das?«

»Was denn?« fragte Josef.

»Das über Rama«, sagte ich. »Daß eine Frau dort über ihre Kinder weint.«

»Sagte ich das?« fragte Josef leicht erstaunt. »Das ist ein Wort des Propheten Jeremia. Rahel ist unser aller Mutter. Sie ist die Mutter unseres ganzen Volkes.«

»Meinst du, so eine Art Urgroßmutter?« fragte ich. So etwas meine er, sagte Josef.

»Rahel war die Frau, die Jakob liebte. Der Jakob, der später Israel hieß. Er ist unser aller Vater. Rahel liegt in Bethlehem begraben und weint jetzt um ihre toten Kinder.«

»Ja, aber wenn sie tot ist und wenn die Kinder sterben, dann treffen sie sich doch jetzt wohl bei Gott. Da braucht sie doch nicht zu weinen?« fragte ich.

»Sie weint vielleicht für alle anderen Mütter«, sagte Maria, die inzwischen auch aufgewacht war. »Glaubst du nicht, daß alle Mütter in Bethlehem jemanden bei Gott brauchen, der mit ihnen weint?«

»Doch natürlich. Jemanden wie dich zum Beispiel.«

Die Tränen strömten nur so aus mir heraus, denn sie war so lieb. Wenn ich richtig traurig bin, dann möchte ich, daß Maria meinetwegen ein wenig im Himmel weint. Manchmal, glaube ich, macht sie das.

Nein, alles war hier so traurig, daß ich mich unbedingt etwas aufheitern mußte. Ich schlug Jesus leicht auf den Po und sagte:

»Das hier muß sich ändern, hörst du? Du mußt dich beeilen, groß zu werden, damit du endlich den Kopf dieser Schlange zertreten kannst. Denn so können wir es nicht aushalten. Mit solchen Leuten wie Herodes, die morden, wie sie wollen!«

Aber er schlief.

Vielleicht gut so, übrigens, denn es war mitten in der Nacht. Dann schlief ich wieder ein.

Und ich träumte irgend etwas, aber ich habe es vergessen.


# 17. Nach Ägypten

Josef weckte uns früh. Er hatte es eilig, aufzubrechen. Wir hatten trotzdem noch Zeit, zuerst etwas zu essen. Und die Sonne war aufgegangen, so daß es jetzt draußen warm und schön war, bevor es wieder so heiß wurde.

Wir ritten und ritten und ritten. Es war ein ziemlich öder Weg, und wir trafen keinen Menschen.

»Erzähl von Ägypten!« bat ich. »Dort gibt es Pyramiden und so was, nicht?«

»Das stimmt«, sagte Josef. »Das sind große Königsgräber. Aber wir kommen nicht dorthin. Ich dachte, daß wir uns im Land Gosen niederlassen, ganz an der Grenze. Dort haben wir früher gewohnt.«

»Habt ihr?« fragte ich und riß die Augen auf. »Ich dachte, daß ihr, du und Maria, immer in Nazareth gewohnt hättet. Hast du das nicht gesagt, als wir die Arche bauten?«

»Doch, Maria und ich haben immer in Nazareth gewohnt. Und ich hoffe, daß wir bald dahin zurückkehren können. Wenn ich ›wir‹ sage, dann meine ich mein Volk. Vor langer Zeit waren wir Gefangene in Ägypten, bevor uns Gott hinausgeführt hat.«

»Erzähl!« bat ich wieder.

»Das ist eine lange Geschichte«, sagte Josef.

»Du brauchst nur das Wichtigste zu nehmen«, sagte ich. »Das Spannendste.«

»Hast du von Josef gehört?« fragte Josef.

Ich kicherte. »Na klar habe ich von dir gehört!«

»Ich meine von dem Josef, der Israels Sohn war.«

»Und Rahels«, sagte ich. »Die, die in Rama weint. Ja, von ihm habe ich gehört. Er wurde von seinen bösen Brüdern in einen Brunnen geworfen, nicht? Und dann wurde er nach Ägypten verkauft. Und dort verstand er sich darauf, Träume zu deuten, so daß ihn der Pharao fast zum König machte, denn er konnte die Träume mit den Kühen deuten. Ja, das habe ich gehört.«

»Gut«, sagte Josef. »Dann brauche ich das nicht zu erzählen. Dann weißt du, daß es zuerst sieben gute Jahre gab und danach sieben Jahre Hungersnot. Und Josef hatte alles Getreide in seiner Hand, das in den guten Jahren gespart worden war.«

»Ich weiß«, sagte ich. »Und dann kamen seine Brüder und wollten Getreide kaufen, denn sie hatten nichts. Und sie erkannten ihn zuerst nicht wieder, aber später doch, und sie wurden wieder Freunde. Und dann fuhren sie nach Hause und holten den Vater und zogen alle dorthin. Ja, das habe ich gehört.«

»So kam mein Volk nach Ägypten«, sagte Josef. »Zuerst hatten sie es gut, solange Josef lebte, aber dann wurden ihre Kinder und Kindeskinder Sklaven, und es ging ihnen immer schlechter. Bis Gott Mose sandte, der sie befreite und nach Hause führte.«

»Das wußte ich nicht«, sagte ich. »Bis Mose sind wir in der Schule nicht gekommen. Und Großmutter hat meistens nur von Jesus erzählt.«

Jetzt hatte ich mich schon wieder verplappert! Aber es war, als ob Josef es nicht gehört hätte. Oder er begriff vielleicht nicht, was ich meinte. Schön, denn wie hätte ich sonst erklären können, daß ich zwischen Stockholm und dem Heiligen Land hin- und herreisen konnte?

»Es ist etwas ganz Besonderes mit Ägypten«, sagte Josef.

»Jedenfalls für unser Volk. Du denkst vielleicht an die Pyramiden, wenn du ›Ägypten‹ hörst. Aber ein Israelit denkt an Gefangenschaft und Befreiung. ›Ägypten‹ bedeutet ›Gefängnis‹ für uns.«

»Aber warum reisen wir dann nach Ägypten?« fragte ich. »Das ist doch dumm.«

»Gott hat es gesagt«, sagte Josef kurz.

»Wie lange werden wir denn da bleiben?« fragte ich. »Man hat doch wohl keine Lust, länger als nötig in einem Gefängnis zu bleiben. Selbst wenn das Gefängnis ein ganzes Land ist.«

»Das weiß ich nicht«, sagte Josef. »Bis Gott sagt, daß wir wieder nach Hause reisen können.«

Und damit mußte ich mich begnügen. Ich merkte, daß Josef nicht gerne nach Ägypten ging. Aber er gehorchte Gott.


# 18. Noch eine Schlange, vor langer Zeit

Wir versuchten, von allem möglichen zu reden, aber alle drei dachten wir an die gleiche Sache. Die Kinder in Bethlehem, die Herodes getötet hatte. Schließlich konnte ich nicht länger stillhalten.

»Er ist genau wie die Schlange«, sagte ich.

Josef und Maria verstanden, wen ich meinte.

»Mächtige Männer werden oft zu einer Schlange«, sagte Josef. »Sogar der gute König David wurde eine kurze Zeit lang fast zu einer Schlange. Da ließ er einen Mann töten, nur um dessen Frau zu bekommen. Aber er bereute es und wandte sich zu Gott zurück.«

»Herodes bereut nie etwas!« rief ich. »Er ist Schlange durch und durch!«

»Das weiß nur Gott«, sagte Josef.

»Aber ich glaube, daß du recht hast«, sagte Maria.

»Doch warum wird man so schlecht wie eine Schlange? Kommt das davon, daß man Macht hat?«

Es war fast schon Wüste, wo wir jetzt hinritten. Ein paar trockene Grasbüschel, von denen der Esel im Vorbeigehen probierte. Eine Menge Steine. Ein paar Disteln und der eine oder andere Kaktus. Der arme Josef, der die ganze Zeit gehen mußte! Seine Sandalen waren jetzt schon recht abgelaufen.

»Es ist sehr leicht, vor lauter Macht schlecht zu werden«, sagte Josef. »Man kommt dann auf so merkwürdige Ideen. Man vergißt, daß eigentlich kein Mensch irgendeine Macht hat, wenn Gott sie ihm nicht gibt. Der, der Macht hat, fängt an zu glauben, daß er es selbst ist, der bestimmt, und nicht Gott. Und dann wird man sehr leicht zu einer Schlange.«

»Aber er kann wohl nicht zu einer Schlange werden?« sagte ich und zeigte auf Jesus.

»Auch er kann es«, sagte Josef. »Jeder Mensch kann es. Und er ist ein Mensch.«

»Dann mußt du ihn anständig erziehen!« sagte ich zu Josef.

»Ja, das habe ich mir fast gedacht«, sagte Josef. »Das ist wohl meine Aufgabe hier in dieser Welt. Gottes Sohn beizubringen, daß er Gott gehorcht und nicht der Schlange. Das ist keine leichte Aufgabe«, sagte Josef und lachte.

Wie schön, daß endlich jemand lachen konnte! Trotz all des Schrecklichen, was geschehen war. Ich glaube, daß ich gebraucht wurde, um sie ein wenig aufzumuntern.

»Wir sprachen von Mose«, sagte Josef. »Weißt du, wie er geboren wurde?«

»Nein«, antwortete ich. Denn wir waren in der Schule ja noch nicht bei Mose angekommen.

»Die Israeliten wurden immer zahlreicher in Ägypten. Und der, der damals Pharao war, bekam Angst vor ihnen. Sie waren tüchtig und arbeiteten gut. Aber stell dir vor, sie hätten einen Aufruhr gemacht! Deswegen beschloß er, daß sie nicht zahlreicher werden sollten. Und er befahl, daß die Mädchen, die geboren wurden, leben dürften, aber die Jungen sollten in den Nil geworfen werden und ertrinken. Auf diese Weise sollte es keine jüdischen Kinder mehr geben. Denn wenn die Mädchen heirateten, dann nur Ägypter, damit auch ihre Kinder Ägypter würden. Das ganze jüdische Volk sollte aussterben, plante er.«

»Wie gemein!« rief ich. »Gab es auch Krokodile im Nil?«

»Es gibt noch immer Krokodile im Nil.«

»Genau wie bei Herodes«, sagte ich.

»Genau wie bei Herodes«, bestätigte Josef. »Aber Mose wurde gerettet. Seine Mutter versteckte ihn zuerst, solange sie konnte. Dann legte sie ihn in einen Binsenkorb, den sie mit Pech und Teer abgedichtet hatte. Und dann setzte sie den Korb im Schilf am Ufer aus und bat Gott, daß er den Jungen beschützen sollte.«

»Wie eine kleine Arche, was?«

»Das kann man sagen. Und die eigene Tochter des Pharaos entdeckte den Korb und fand wohl, daß der Junge süß war, denn sie kümmerte sich um ihn, und so wuchs Mose im Haus des Pharaos auf.«

»Hast du etwas gemerkt?« fragte ich.

»Was meinst du?« fragte Josef erstaunt.

»Es scheint, als ob Gott alles mit Jesus wiederholt. Alles, was dein Volk mitgemacht hat. Zuerst sterben viele arme Kinder, und dann wird Mose gerettet. Genau wie Herodes eine Menge armer Kinder töten ließ und Jesus dann gerettet wurde. Und dein Volk mußte nach Ägypten ziehen. Und Jesus muß auch dorthin fliehen, gerade nur einige Wochen alt. Du wirst sehen, daß sich alles wiederholt! Eure ganze Geschichte.«

Maria sah müde aus. Daran war vielleicht die Hitze schuld.

»Das wünsche ich ihm nicht«, sagte Josef. »Unsere Geschichte ist eine leidvolle Geschichte.«

»Oh, die ist wohl so leidvoll, daß auch er seinen Teil davon abbekommt«, sagte ich. Da begriff ich erst, was diese Worte bedeuteten. Und ich schwieg. Es war dieser kleine Junge hier, von dem wir sprachen. Er war es, der die schwere Geschichte ganz Israels durchmachen mußte. Mit einem Mal wurde alles viel zu wirklich.

Und ich begriff auch, daß es nicht nur die Hitze war, die daran schuld war, daß Maria so müde aussah.

# 19. Zwei Brüder

»Warum schlagen sich die Leute die ganze Zeit gegenseitig tot?«
fragte ich, weil es plötzlich so erdrückend still war. Das einzige,
was man hörte, waren die Geräusche von den Hufen des Esels,
als wir weiter bergauf und bergab gingen.

»Vor langer Zeit gab es zwei Brüder«, begann Maria.

Ich schloß die Augen und setzte mich richtig hin. Sie wollte
anscheinend eine lange Geschichte erzählen.

»Das war am Anfang, als Adam und Eva noch lebten. Die
beiden Brüder waren ihre Söhne. Kain hieß der eine und Abel
der andere. Kain wuchs auf und begann Land zu bebauen. Er
hatte ein Händchen für Pflanzen, wie man sagt. Ihm gelang
immer alles, wenn er etwas anpflanzte. Alles wuchs so gut. Abel
war draußen auf dem Feld mit seinen Tieren. Er suchte Weide-
land für sie, und wenn es Zeit wurde, dann schlachtete er sie und
gab seiner Familie von dem Fleisch zu essen. Dann sollten sie
Gott opfern. Jeder hatte seinen Altar aus Stein gebaut.«

Aus Stein, klapperten die Hufe des Esels, aus Stein, aus Stein.

Und dann war ich dort. Zwei Jungen, ungefähr im Alter meines Bruders Rabbe, waren gerade dabei zu bauen. Es sah ungefähr so aus wie zwei gemauerte Grillplätze. Ein paar Steine und
mittendrin eine Möglichkeit, Feuer zu machen. Und dann
konnte man das, was geopfert werden sollte, auf das Feuer legen.

»Was hast du für Opfer?« fragte der, der Abel hieß. »Ich habe
Fett von Tieren, die ich geschlachtet habe, von den Erstgeboren-
en.«

»Wie eklig, Fett!« rief der andere, der Kain hieß. »Ich habe
Äpfel und Feigen und Datteln.« Und so legte er alles fein säuberlich auf seinen Altar.

»Aber Gott will Fett von den Erstgeborenen haben!«

»Wir werden ja sehen!« meinte Kain und lachte. »Wir werden
ja sehen, ob meine Früchte nicht genauso taugen. Ich habe sie
selbst angepflanzt und geerntet.«

Und dann kamen sie beide mit brennenden Stöcken, um das
Holz anzuzünden. Abel werkelte etwas an seinem Holz herum,

und dann brannte es. Und die Flammen schluckten das fette, eklige Fleisch, aber es roch richtig gut. Wie Papas Grill auf unserem Grundstück.

Kain versuchte es und versuchte es, aber es brannte nicht an. Er wurde immer wütender, das sah ich sogar an seinem Rücken.

Da machte Abel etwas ganz Dummes. Er lachte. Nicht einmal böse, aber er lachte. Kain wurde wütend. Ich habe nie jemanden so wütend gesehen. Er wandte sich heftig um und starrte Abel an, hochrot im Gesicht.

»Was lachst du, du elender Ziegenbock!« schnalzte er. Ich konnte mir nicht verkneifen, etwas zu kichern. So albern hörte es sich an.

»Wie wütend du aussiehst!« sagte Abel.

Bis dahin war es eher lustig gewesen. Wie wenn Rabbe sich mit einem Freund kabbelt. Man weiß, daß sie bald wieder Freunde sind, wie ärgerlich sie auch zu sein scheinen. Aber plötzlich wurde es unheimlich. Denn für einen Augenblick leuchtete es in Kains Augen auf. Es war der Blick der Schlange. Ganz schwarz und kalt. Er nahm einen Stein und warf ihn auf Abel, so fest er nur konnte. Und der traf, es machte ein merkwürdiges Geräusch. Abel fiel um. Der Stein hatte ihn mitten am Kopf getroffen, und es blutete. Das Blut floß auf den Boden. Dann sah Kain wie immer aus. Obwohl er Angst hatte. Er lief davon und hielt sich die Ohren zu. Komisch, denn es war ganz still. Wie im Fernsehen, wenn der Ton kaputt ist. Ich sah nur, wie er immer weiter über das Feld lief, um so weit wie möglich von Abel wegzukommen. Abel lag da und blutete.

Da traf Kain Gott. Fragt mich nicht, wie Gott aussah. Es war einfach Gott.

»Wo hast du Abel gelassen?« fragte Gott.

»Soll ich etwa auf ihn aufpassen?« fragte Kain trotzig.

»Du hast ihn totgeschlagen«, sagte Gott wütend. »Zieh hier weg! Du wirst das Land nicht weiter bebauen, weil Abel deine Erde mit Blut getränkt hat, so daß du sie nicht mehr benutzen kannst.«

»Was soll ich denn tun?« fragte Kain ratlos. »Wie soll ich leben können, wenn ich das Land nicht mehr bebauen darf?«

»Du sollst ein Flüchtling werden«, antwortete Gott. »Fliehe nach Ägypten oder wohin auch immer, aber hier darfst du nicht bleiben!«

»Dort schlagen sie mich tot«, jammerte Kain und sah kläglich aus. Obwohl er seinen Bruder totgeschlagen hatte, bekam ich tatsächlich etwas Mitleid mit ihm.

»Das werden sie nicht tun«, sagte Gott, »dafür werde ich sorgen! Hier hast du meinen Schutz!«

Und dann zeichnete Er etwas auf Kains Stirn.

Ich sah es nicht genau, aber ich glaube, daß es wie ein Kreuz aussah.

# 20. In Ägypten

»Das war das erste Mal, daß ein Bruder seinen Bruder erschlug«, sagte Maria. »Aber es war, weiß Gott, nicht das letzte Mal.«

Ich weiß nicht, ob ich etwas eingeschlafen war oder ob ich wieder gereist war, oder ob es Maria war, die so gut erzählt hatte, daß ich alles vor mir sah.

Nun schaute ich auf und entdeckte, daß weit weg ein kleines Dorf war.

»Wenn wir dort angekommen sind, dann sind wir in Ägypten«, sagte Josef. »Dort haben Herodes' Soldaten keine Macht mehr über uns.«

Aber es war noch ein gutes Stück zu laufen. Ich dachte daran, daß Josef gesagt hatte, Ägypten sei für einen Israeliten fast dasselbe wie ein Gefängnis. Das war nicht klug! Wir flohen vor Herodes und seinen Soldaten, und wir flohen in eine Art Gefängnis hinein. Wir waren Flüchtlinge, genau wie Kain. Obwohl wir niemanden totgeschlagen hatten. Das Jesuskind, das wirklich nichts Schlechtes getan hatte, mußte tatsächlich fliehen wie der schlimmste Kain! Alles Elend sollte es erleben!

Mir fiel da wieder die letzte Nacht ein, als ich so ängstlich gewesen war und der kleine Jesus mich am Ohr gekitzelt hatte.

Traurig für ihn, aber ich will, daß er dabei ist, auch wo es am scheußlichsten ist. So werden wir anderen etwas mutiger durch ihn.

Es kribbelte mir im Magen, als Josef sagte: »Nun reiten wir in Ägypten ein.« Ich glaubte, daß es eine Zollstation geben würde und wir die Pässe und so was zeigen müßten, aber man brauchte nur hineinzureiten. Und dann waren wir bald im Dorf. Josef sprach mit einigen Menschen. Sie gestikulierten und zeigten die Straße hinunter. Er fragte, ob es ein Haus zu mieten gäbe, und er hatte Glück. Es gab eins. Ein ziemlich verfallenes Haus, fand ich. Aber es war trotzdem gut, dort unterzukommen. Ich setzte mich auf eine Bank an der Wand. Es war kalt und feucht auf der Bank. Dann sah ich, daß jemand ein paar nasse Schlittschuhe dorthin gelegt hatte. Schlittschuhe in Ägypten! Das kann ja wohl nicht sein!

Josef und Maria waren plötzlich verschwunden. Aber der Kleine war noch da, obwohl ich ihn nicht sah. Ich spürte, daß er hier irgendwo war. Ich stand auf und streckte mich wie eine Katze. Dann begann ich, vor mich hin zu lachen.

»Aha, Jesus du«, sagte ich. (Es war niemand da, der zuhörte.) »Aha, Jesus du, sieht es so hier in Ägypten aus? Das kommt mir richtig bekannt vor.«

Danach ging ich aus dem Haus. Es war dunkel geworden. Ich hörte den Verkehr auf dem Sveavägen, als ich nach Hause ging.


# 21. Über unser geheimes Versteck

Dann waren die Weihnachtsferien bald vorbei, und das war gut so. Mir gefällt es in der Schule. Michael ist mein bester Freund. Er sitzt neben mir. Das, was ich nun erzähle, ist passiert, als wir in die erste Klasse gingen. Jetzt gehen wir in die dritte, und bald haben wir Sommerferien. Michael sitzt immer noch neben mir.

Als die Schule nach Weihnachten wieder begann, war mit meinen Reisen erst mal Schluß für die nächste Zeit. Es passierte so viel anderes. Michael und ich suchten uns ein geheimes Versteck. Ratet, wo wir uns trafen! Keiner zu Hause darf es wissen. Ja, ich weiß, wo sich der Schlüssel zum Kirchturm befindet, und wir haben unser geheimes Versteck ganz oben im Turm.

Zuerst geht man an der Sakristei vorbei, wo die alten Gottesdienstgewänder von früher hängen (solche Umhänge, wie die Pfarrer sie haben). Dann ist da eine weiß angestrichene Eisentür, die immer abgeschlossen ist. Aber ich weiß, wo sich der Schlüssel befindet! Und dann geht man eine steile Holztreppe hoch. Noch eine Treppe, dann kommt man auf eine große Plattform. Man sieht das Kirchendach von unten. Dort sind große Kugeln aus Zement. Man kann auf ihnen gehen, wenn man will. Ich habe es gemacht. Man geht auf der Decke mit den Bemalungen, auf die man von unten hochschaut, wenn es in der Kirche langweilig ist. Dann gibt es aber noch eine Holztreppe, und man kommt an den Glocken vorbei. Es ist fürchterlich, wenn sie gerade schlagen, wenn man vorbeigeht. Dann sieht man die Zifferblätter der Turmuhr und die Zeiger von innen.

Danach geht man über den Boden und über eine Leiter zu einer Luke. Wenn man die öffnet, ist man draußen an der frischen Luft und kann über die ganze Stadt blicken. Dort oben kann man um den ganzen Turm herumgehen. Es gibt ein Gitter, also ist es eigentlich nicht so gefährlich. Aber das fühlt sich im Magen unheimlich schrecklich an, bevor man sich daran gewöhnt hat.

Dort oben im Adolf-Friedrich-Kirchturm haben Michael und ich unser geheimes Versteck. Wir nennen es Quasimodo. Nach einem Film über einen Glöckner in einer französischen Kirche, der im Turm herumkletterte und in ein Mädchen verliebt war. Obwohl keine Mädchen mit in unser Versteck dürfen. Keiner darf mit, außer Michael und mir.

Dort oben sitzen wir und blicken über die Stadt. Manchmal nehmen wir uns Sprudel und einen Hamburger mit. Keiner kann uns sehen, weil wir so hoch oben sind, so daß uns niemand bemerken würde, selbst wenn er direkt auf uns schauen würde. Das perfekte geheime Versteck! So hatte ich an was anderes zu denken, als ins Heilige Land zu reisen.

Schließlich begannen wir in der Schule, über Mose zu sprechen. Und da fing alles an, kompliziert zu werden. Ich habe eine Sache begriffen. Man sollte sehr sorgfältig auf sich aufpassen, wenn man mit Leuten über Gott oder so was spricht. Sie werden völlig komisch! Nein, nicht alle. Mit Kindern geht das gut, wenn sie interessiert sind. Aber Erwachsene! Ja, man darf gern etwas naiv fragen. Sind es die Engel, die weinen, wenn es regnet? Oder sind die Sterne Licht von Gottes Haus? So was mögen sie, das finden sie nett. Obwohl man doch genau weiß, daß Regen Wasserdampf ist, der niederfällt, wenn er in höheren Luftschichten abgekühlt wird. Und daß die Sterne Sonnen sind.

Aber man darf nicht fragen, ob Stockholm Ägypten ist. Das tat ich nämlich. Aber ich muß der Reihe nach erzählen: Alles fing damit an, daß wir irgendwann im April zu Mose kamen.

# 22. Die Plagen in Ägypten

In der ersten Klasse irgendwann im April sprachen wir über Mose. Es war kurz vor Ostern, erinnere ich mich, denn unsere Lehrerin berichtete von dem ersten jüdischen Osterfest. Sie sagte, was ich schon wußte (Josef hatte es ja erzählt), daß Israels Kinder Sklaven in Ägypten waren. Aber Mose sollte sie befreien. Das war nicht leicht, denn der Pharao war stur. So ein richtiger Schlangen-Mensch war er. Er versprach etwas, und dann hielt er nicht, was er versprochen hatte.

»Let my people go!« sagte Mose. Das bedeutet: »Laß mein Volk gehen!« Ich kann ein Lied darüber.

»Nein«, sagte der Pharao.

»Gott sagt, daß du es mußt«, sagte Mose.

»Zeige mir ein Wunder, dann glaube ich dir vielleicht«, sagte der Pharao.

»Okay«, sagte Mose, »sieh her!«

Und dann warf er einen Stock, der zu einer lebenden Schlange wurde.

Der Pharao bekam ganz offensichtlich Angst, aber er befahl seinen Zauberern, dasselbe zu tun. Auch sie warfen ihre Stöcke, und es wurden ebenfalls lebende Schlangen daraus. Aber Moses Schlange war sehr viel größer als die ägyptischen Schlangen und fraß sie auf.

»Jetzt bist du erstaunt, nicht?« fragte Mose den Pharao. »Dürfen wir jetzt gehen?«

»Nein«, sagte der Pharao.

»Dann sollst du etwas anderes zu sehen bekommen!« sagte Mose und ging zum Nil hinunter. Und dann zeigte er mit dem Stab auf den Fluß (jetzt war der Stab wieder normal). Und da wurde auf einmal alles Wasser zu Blut. Und die Leute mußten überall neue Brunnen graben, denn das Blut konnte man ja nicht trinken. Aber auch da pfiff der Pharao drauf. Er trinkt wohl Wein.

»Aha«, sagte Mose, »da müssen wir uns wohl etwas Schlimmeres ausdenken!« (Denn Gott war genauso wütend auf den Pharao wie Mose, weil der Pharao Israels Kinder nicht freiließ. Und das wußte Mose.) »Was hältst du von fetten Kröten, die selbst bis in dein Bett kommen?«

»Haha«, lachte der Pharao, »das kannst du nicht.«

Da schwang Mose seinen Stab, und es kamen Millionen von Kröten aus dem Nil, und da bekam der Pharao Angst und sagte: »Lieber Mose, bitte Gott, daß Er die Kröten wegnimmt, und dann könnt ihr gehen.«

»Gerne«, sagte Mose. Gott ließ die Kröten verschwinden.

»Haha«, lachte der Pharao böse. »Glaubtet ihr, daß ich euch gehen ließe, was? Hinaus und verrichtet eure Sklavendienste!« So einer war er. Da streckte Mose seinen Stab wieder aus. (Obwohl es eigentlich der Stab seines Bruders Aaron war. Was Recht ist, muß Recht bleiben. Aaron war Priester.) Und diesmal kamen Mücken in Massen. Aber der Pharao kümmerte sich nicht darum.

»Da müssen wir wohl ein größeres Modell nehmen«, sagte Mose. Und so kamen eklige Fliegen, überall in ganz Ägypten bis auf das Land Gosen, wo die Kinder Israels wohnten. Da hatte der Pharao die Nase voll.

»Bitte Gott, daß Er die Fliegen wegnimmt, und ihr könnt gehen«, rief er.

»Okay«, sagte Mose, und die Fliegen verschwanden.

»Raus an die Sklavenarbeit!« rief der Pharao, als die Fliegen weg waren.

Wie dumm darf man sein?

Da sandte Gott die Pest über das Vieh der Ägypter. Aber der Pharao scherte sich nicht darum. Und dann bekamen Menschen und Tiere dicke Beulen. Aber der Pharao kümmerte sich auch darum nicht. Danach kamen Hagel und Feuer vom Himmel, aber selbst da wollte der Pharao seine Haltung nicht ändern.

Er konnte doch wohl an sein armes Volk denken, wenn schon an nichts anderes? Und dann kamen Heuschrecken, die die Ernte auffraßen. Da hatte er wieder eine Weile Angst und sagte: »Geht nur!« Aber danach war wieder alles wie gehabt. Da machte Gott, daß es drei Tage lang ganz dunkel in Ägypten wurde. Es war richtig gespenstisch dunkel. Aber der Pharao ergab sich trotzdem nicht. Da kam die letzte Plage über Ägypten. Alle Erstgeborenen sollten sterben, sagte Mose, wenn sein Volk nicht gehen dürfe. Aber es durfte nicht. Da schlachteten alle Israeliten ein Lamm, aßen es und strichen das Blut an die Tür. Denn Gott hatte gesagt, daß sie das tun sollten. Und in der Nacht kamen Engel von Gott und schlugen in jedem Haus den Erstgeborenen tot. Aber sie gingen an den Häusern mit Blut an der Tür vorbei, so daß alle Kinder Israels verschont wurden. Und da durften sie endlich gehen.

Das alles hat unsere Lehrerin erzählt. Es war recht spannend und etwas gruselig. Das fand unsere Lehrerin sicher auch, denn sie fragte: »Findet ihr, daß es gruselig ist?«

»Astrein«, sagten die Jungen, und die Mädchen kicherten. Aber ich meldete mich.

»Ja«, sagte ich.

»Was, meinst du, ist am gruseligsten?« fragte unsere Lehrerin.

»Daß es so viele Pharaos gibt«, sagte ich. »Sie kümmern sich nicht darum, ob andere Menschen vielleicht völlig vernichtet werden, wenn sie nur mit ihrer Sturheit weitermachen dürfen.«

»Ist es nicht auch ein grausamer Gott?« sagte unsere Lehrerin.

»Was meinen Sie?« fragte ich. »Sollte Er etwa den Pharao gewinnen lassen? Entsteht nicht immer Elend, wenn Gott eine Sache befiehlt, und wenn man dann das Gegenteil macht?«

»Vielleicht«, sagte unsere Lehrerin und schien unsicher. »Aber das war die Art der alten Juden, von Gott zu denken. Später, als Jesus kam, da lehrte er uns, daß Gott gut ist. Deswegen brauchen wir vor solchen Geschichten keine Angst zu haben.«

»Ja, aber ich habe keine Angst vor Gott«, sagte ich. »Ich habe Angst vor all den Pharaos, die lieber die ganze Welt untergehen lassen, als sich zu ergeben!«

»Darüber kann man nachdenken«, sagte unsere Lehrerin, und dann schellte es.

Sie schickte uns schnell zur Pause hinaus.


# 23. Über die Gefahr, zuviel zu erzählen

Bis hierher war alles kein Problem gewesen. Aber dann fing es an. Ich wollte unserer Lehrerin erklären, was ich meinte. Ich hatte ja gemerkt, daß sie mich nicht verstanden hatte. Deshalb sprach ich in der Pause mit ihr. Darüber, daß Ägypten ein einziges großes Gefängnis für Israels Kinder war und daß das so sei, als ob Stockholm auch ein großes Gefängnis wäre. Vielleicht die ganze Welt, glaube ich. Obwohl ich am besten weiß, wie es in Stockholm ist. Und daß es besser wäre, nicht zu leben, als das ganze Leben im Gefängnis zu sitzen. Deswegen war es nötig, daß die Kinder Israels da herauskamen. Denn das zeigt auf jeden Fall, daß es einen Weg aus dem Gefängnis heraus gibt. Ich sagte es wohl etwas verworrener, denn ich war nervös. Aber so sagte ich es ungefähr. Doch da wurde unsere Lehrerin komisch.

»Findest du, daß Stockholm ein Gefängnis ist?« fragte sie.

»Ja«, sagte ich. Ich war froh darüber, denn ich glaubte, daß sie es nun begriff. Obwohl ich ja hätte sehen müssen, daß sie komisch aussah. »Die ganze Welt ist eine Art Gefängnis, verstehen

Sie«, sagte ich. »Das Gefängnis der Schlange.« Woher bekam ich all diese Worte? Es mußte der kleine Wort-Junge sein, dachte ich, denn genauso war es ja! Ich war sehr froh, daß ich es sagen konnte.

»Das Gefängnis der Schlange?« fragte unsere Lehrerin verwirrt.

»Ja, die Schlange, die Eva dazu verleitet hat, von der Frucht zu essen. Es ist ja gerade sie, die in Ägypten bestimmt.«

»Haben deine Mutter und dein Vater dir so was beigebracht?« fragte unsere Lehrerin.

»Nein, sie sprechen sonst nie von Gott, außer in der Kirche«, sagte ich. Da sah sie noch verwunderter aus.

»Du denkst also über so was nach«, sagte sie. Und sie hörte sich nett, aber besorgt an.

Ich wollte sie etwas aufmuntern, also sagte ich: »Das geht schon alles in Ordnung! Ich weiß noch nicht richtig wie, aber der kleine Wort-Junge wird es schon schaffen. Er wird uns alle aus Ägypten befreien, wenn wir wollen. Sie auch!«

»Der kleine Wort-Junge?«

Und dann mußte ich auch das noch erklären. Kurzerhand lockte sie mir das mit den Reisen heraus. Es war recht schön, es jemandem erzählen zu können, außer Michael natürlich, der wußte es schon. Obwohl er nie selbst gereist ist. Er will es auch nicht, sagt er. Aber zum Abendmahl geht er vielleicht mal, denn das findet er toll.

Die Lehrerin sagte nicht viel. Dann nahm sie mich in den Arm und sagte, daß sich alles aufklärt. Ich sollte keine Angst haben! Ich hatte aber gar keine Angst. Nur vor der Schlange, aber vor der, finde ich, sollte man Angst haben, vor der Schlange und vor den Schlangen-Menschen. Die sind wirklich gefährlich.

»Nun gehen wir rein und rechnen«, sagte unsere Lehrerin mit piepsiger Stimme. Das machen wir jeden Tag, und deshalb bekommt sie normalerweise keine piepsige Stimme. Aber sie wollte wohl nett sein.

Abends rief sie an und sprach mit Mama. Dann wurde Mama genauso komisch wie unsere Lehrerin. Sie stellte sich fröhlich,

68

aber ich merkte, daß sie Angst hatte. Sie sagte, daß wir Anfang Mai einen Psychologen besuchen sollten. Vielleicht eine nette Tante, die nur ein wenig erzählen wollte. Oder einen Onkel, sie wußte es nicht sicher.

Am Telefon hatte sie von Scheinwelten und religiösen Grübeleien und Kinderdepression und einer Menge anderer komischer Dinge gesprochen.

Ich beschloß herauszubekommen, was sie bedeuteten, und begriff, daß ich etwas sehr Dummes gesagt hatte, aber ich verstand nicht, was.

# 24. Als ich am 1. Mai demonstrierte

»Am 1. Mai werden wir demonstrieren«, sagte Michael. Das machte er jedes Jahr mit seinen Eltern.

»Was ist denn da los?« fragte ich. Meine Eltern demonstrieren normalerweise nicht.

»Eine Menge Leute versammeln sich, und man geht in die Innenstadt. Dann singen alle die ganze Zeit und rufen in Sprechchören, und in der Innenstadt hält irgend jemand eine Rede. Meistens sind Musikgruppen da, und dann hat man Kaffee, Saft und Butterbrote bei sich, kauft Eis und Würstchen. Das macht Spaß, jedenfalls wenn das Wetter gut ist.«

»Das hört sich gut an«, meinte ich.

»Komm doch mit«, sagte Michael, »du darfst bestimmt.« Und ich durfte. Ich ging zuerst zu Michael, Barnhusgatan 12, dritte Etage. Das war wohl klug, denn es waren so viele Leute in der Stadt, daß wir uns sonst wahrscheinlich nie gefunden hätten, wenn wir einen Treffpunkt auf dem Platz ausgemacht hätten, wo sich der Zug versammelte.

Er wird »Zug« genannt, weil die Leute losziehen. Genau wie die Kinder Israels, dachte ich. Jetzt gehen wir zu dem bösen Pharao und rufen: »Let my people go!« Und dann ziehen wir direkt durchs Rote Meer, das sich öffnet, so daß wir hindurchgehen können, ohne daß wir nasse Füße bekommen. Und der Pharao kommt mit seinem ganzen Heer hinterher, und dann schlägt das Wasser über ihnen zusammen, so daß sie ertrinken oder zurückschwimmen müssen! Ja, denn unsere Lehrerin hat uns erzählt, wie es weitergeht.

Es wurde ein herrlicher Tag. Ein Teil der Leute trug rote Fahnen, und viele hatten Plakate, wo Sachen draufstanden, die ich vergessen habe. Ich hielt mich die ganze Zeit bei Michael und seinen Eltern, denn ich hatte keine Lust, mich zwischen den vielen Leuten zu verlaufen. Das einzig Dumme war, daß der Zug nicht in Gang kam. Zuerst sollte jemand reden, er hörte sich an wie ein Pfarrer. Er redete laut und viel zu lange und nur mit schwierigen Wörtern. Aber es machte mir nicht allzuviel aus, denn ich hatte mein erstes Eis bekommen.

Endlich zogen wir los. Wir durften mitten auf der Straße gehen, immer zu acht, Reihe für Reihe. Die Polizisten sahen zu, daß die Autos warteten, wenn wir über die Straße gingen und riefen und sangen.

»KINDERGARTEN FÜR ALLE!« riefen wir. Ich brauche ja keinen Platz mehr im Kindergarten, aber ich schrie auch, weil es lustig war, einmal so viel zu schreien, wie man wollte. (Sonst bin ich eigentlich kein Schreihals.)

Nein, es war lustiger, sich vorzustellen, daß es Mose war, der sein Volk ans Rote Meer führte. Also stellte ich es mir vor. Aber als ich da so in meinen Gedanken versunken ging, mußte ich etwas zurückgefallen sein, denn plötzlich ging Michael nicht länger neben mir! Das Schlimmste war, daß ich die Stadt nicht wiedererkannte. Ich fand nicht allein nach Hause zurück.

Bleib ruhig, Johannes, bleib ruhig, sagte ich zu mir. Sie müssen ja noch immer im Zug sein. Also schaute ich nach vorne und nach hinten, aber keine Spur von ihnen. Da fing ich an, ein wenig nach vorne zu laufen. Ich nahm mir zehn Reihen vor und sah mir alle an. Kein Michael und keine Eltern.

Typisch, dachte ich. Sie sind sicherlich weiter hinten! Ich lief zehn Reihen nach hinten und kontrollierte zum zweiten Mal. Dann lief ich noch mal zehn Reihen zurück. Aber immer noch konnte ich sie nirgendwo sehen. Da begann ich mich auf einmal

richtig mies zu fühlen. So weit weg konnte ich wohl kaum gekommen sein, daß sie mehr als zehn Reihen vor oder zurückge-
gangen waren. Aber warum sah ich sie dann nicht? Nun konnte
ich nicht mehr klar denken. Ich fing an zu weinen und lief
hierhin und dorthin und schaute nach Michael. Nirgendwo fand
ich ihn und seine Eltern! Schließlich war ich kurz davor, vor
Müdigkeit zusammenzubrechen. Und vor lauter Tränen konnte
ich nicht einmal mehr richtig sehen. Da spürte ich auf einmal ein
paar Arme, die sich um mich legten und mich umarmten und
mich hochhoben.

Als ich mit den Augen blinzelte und schaute, wer es war, da
war es Josef!

## 25. Wie ich Jesus fand

Ich war so froh, Josef zu sehen, daß ich das Weinen vergaß. Aber
er sah älter aus. Dann fiel mein Blick auf Maria. Sie war immer
noch jung, aber nicht mehr wie ein Mädchen. Das verwirrte
mich etwas.

»Wo habt ihr den Kleinen?« fragte ich.

»Wenn wir das wüßten«, sagte Josef. »Er ist fortgelaufen!«

»Nanu, kann er denn schon laufen?« fragte ich erstaunt.

»Er ist zwölf«, sagte Josef.

Jetzt ging mir etwas auf. Es war schön mit Josef und Maria. Sie
fragten nicht. Sie nahmen die Dinge, wie sie waren. Ich war
immer noch sieben; aber der kleine Jesus, den ich ein knappes
halbes Jahr vorher getroffen hatte, war jetzt zwölf. Und auch
seine Eltern sahen zwölf Jahre älter aus. So was gibt es anscheinend.

»Ach so, er ist fortgelaufen«, sagte ich. »Ja, hier sind ja viele
Leute, unter denen man suchen kann. Er ist wohl irgendwo
unter den Leuten? Sicher taucht er bald auf«, sagte ich tröstend.
Denn es war wirklich voll auf der Straße. Aber es war nicht
länger wie bei einem Demonstrationszug am 1. Mai. Wir waren

draußen auf dem Land auf einem staubigen Weg, und da waren lauter jüdische Familien in jedem Alter, die so gekleidet waren, wie man sich damals eben kleidete. Selbst die Männer hatten eine Art Rock an, so schien es. Ungefähr wie Papa in der Kirche. Etwa so, als ob sie in ein Laken gewickelt waren. Allerdings waren sie nicht so herausgeputzt. Kinder gab es reichlich. Sie sprangen dauernd umeinander herum, hierhin und dorthin, vor und zurück. Ein Teil sang etwas, was sich wie alte Psalmen anhörte. Fröhliche, alte Psalmen. Darüber, daß sie in Gottes Tempel gingen, oder so. Ich vermutete, daß sie aus der Kirche kamen. Oder damals hieß es wohl nicht »Kirche«, hat Papa gesagt. Es hieß »Tempel« in Jerusalem. Und weit hinter uns sah ich eine Stadt auf einer Höhe liegen. Das mußte Jerusalem sein.

»Wir glaubten auch«, sagte Josef, »daß er hier in der Nähe wäre. Deshalb waren wir nicht besonders besorgt. Wir dachten, daß er ja eine Menge Leute aus Nazareth kennt, die ebenfalls Ostern im Tempel gefeiert haben. Man weiß ja, wie Jungen sind, deshalb waren wir nicht unruhig. Aber nirgends sahen wir ihn, nicht in der Stadt und nicht im Tempel. Und keiner von denen, die wir fragten, wußte etwas. Jetzt sind drei Tage vergangen, Ostern ist schon vorbei, und alle sind auf dem Heimweg, und Jesus ist weg!«

Ich hatte richtig Mitleid mit Josef, der sehr unruhig schien, und mit Maria natürlich auch.

»Immer mit der Ruhe«, sagte ich. »Ich weiß, wo er ist!«

»Das kannst du doch nicht wissen«, meinte Maria.

Aber ich wußte es genau. Großmutter hatte erzählt, daß er im Tempel saß und mit den älteren Leuten sprach.

»Habt ihr versucht, ihn im Tempel zu finden?« fragte ich.

»Aber Ostern ist doch vorbei«, sagte Maria. »Alle sind schon auf dem Heimweg.«

»Die Zeit vergeht schnell, wenn man es gut hat«, sagte ich. »Er sitzt sicher dort und redet mit einigen Leuten.«

Maria schien daran zu zweifeln, und Josef lachte etwas müde.

»Das würde zu ihm passen«, sagte er. »Es ist zum Verzweifeln mit ihm, wenn er zu reden anfängt. Ich verstehe nicht, wo er das alles her hat!«

»Von Gott vielleicht?« fragte ich vorsichtig.

»Wir schauen noch einmal nach«, beschloß Josef.

Und so gingen wir gegen den ganzen Menschenstrom wieder hinauf nach Jerusalem.

Warm und schwül war es, und es wurde auch dadurch nicht gerade besser, daß alle in die entgegengesetzte Richtung gingen. Schließlich kamen wir oben am Tempel an. Wie groß der war! Er war nicht einfach wie eine Kirche zu Hause, ein einziges Haus, in das man hineinging. Da waren Höfe und Hallen und wieder neue Höfe und außerdem eine Menge Winkel und Nischen. Wir wußten nicht, wo wir suchen sollten. Tiere gab es da drinnen auch. Lämmer, Böcke und große Käfige mit Tauben. Ich fragte Josef, weswegen sie Tiere in der Kirche hätten, ich meine im Tempel. Er sagte etwas ungeduldig, daß es Opfertiere seien, die man kaufen und opfern konnte. Dann zog er weiter mit Maria und mir.

Ich hatte geglaubt, es sei eine Kleinigkeit, Jesus zu finden, weil ich wußte, daß er im Tempel war. Aber hier war alles so groß, und es gab so viel Betrieb, daß ich fast etwas unruhig wurde. Da hielt Josef plötzlich an.

»Hört nur!« rief er.

Und wir hörten. Zuerst hörte ich nur das Blöken eines Schafes und das normale Stimmengewirr, das es die ganze Zeit gab. Aber dann hörte ich aus einem Raum etwas weiter weg eine helle, lebhafte Jungenstimme, die sich mit tiefen Männerstimmen mischte. Wir schlichen uns näher. Da sahen wir, daß in einem abgelegenen Raum fünf oder sechs ältere Männer in feinen Mänteln mit Quasten daran auf dem Boden saßen. Und mitten drin saß ein kleiner, lebhafter Junge mit einer Buchrolle in der Hand. Er zeigte irgendwo auf die Rolle und rief: »Ja, aber seht doch selbst! Es steht doch so da! Begreift ihr denn nicht?«

# 26. Über den Vorteil, noch nicht 13 zu sein

»Jesus!« zischte Josef. Er wollte nicht zu laut rufen. Gleichzeitig merkte ich, daß er ärgerlich war. Jetzt, als er sich nicht länger Sorgen zu machen brauchte, wurde er ärgerlich. Entschuldigung, ich kann ihn verstehen. Er und Maria hatten drei Tage lang nach dem Jungen gesucht. Jesus blickte auf. Er sah unwillig drein. Er mochte es anscheinend nicht, gestört zu werden.

»Jetzt kommst du sofort mit«, zischte Josef.

Die alten Männer schauten auf Josef und Maria. Josef verbeugte sich vor ihnen.

»Ist das dein Sohn?« fragte einer der Männer.

»Ja, das stimmt«, sagte Josef. »Und ich bitte euch zu entschuldigen, daß er euch zur Last gefallen ist, aber er ist erst zwölf.«

»So, älter ist er nicht?« fragte einer der Männer verwundert. »Dann ist das etwas anderes.«

»Hat er etwas Unpassendes gesagt?« fragte Maria ängstlich.

Derjenige von den Männern, der gesprochen hatte, rieb sich den Bart. Die anderen schwiegen und sahen streng aus.

»Wenn man seine Jugend bedenkt, dann bist du durch ihn geehrt. Er kennt die Schriften gut. Und er fragt sehr klug . . .«

Dann entstand so eine Pause, in der man noch etwas erwartet, was aber nie kommt.

»Aber . . .«, sagte Maria. »Es gibt ein ›Aber‹, nicht? Etwas, was nicht so gut ist?«

»Er ist ein sehr freimütiger Junge«, sagte der Alte und lachte etwas säuerlich. »Er fragt und legt den Text so aus, daß wir Schriftgelehrten uns richtig aufs Glatteis geführt sehen. Aber das darf man wohl machen, wenn man erst zwölf ist.«

»Danke, daß Sie so freundlich waren und ihn unterrichtet haben«, sagte Josef.

»Wenn es nicht so war, daß er uns unterrichtet hat«, sagte der Schriftgelehrte und lachte wieder. Und ich sah, daß es kein richtig freundliches Lachen war.

Josef begriff das auch, er wurde hochrot im Gesicht. »Jetzt gehen wir, Jesus«, sagte er nur.

Jesus erhob sich sofort, legte die Buchrolle weg und verneigte sich vor den alten Männern. Danach gingen wir.

Bald nachdem wir aus dem Raum hinausgegangen waren, hörten wir, wie sie anfingen, lebhaft miteinander zu reden. Aber wir hielten nicht an, um zu lauschen.

»Was hast du dir dabei gedacht, Jesus?« fragte Maria. »Einfach zu verschwinden. Begreifst du nicht, daß wir besorgt waren? Wir haben drei Tage lang nach dir gesucht!«

»Wie dumm«, sagte Jesus fröhlich, »habt ihr nicht verstanden, daß ich bei meinem Vater war?«

»Ich war doch wohl nicht hier«, sagte Josef erregt. »Ich bin ja in der ganzen Stadt herumgelaufen und habe nach dir gesucht!«

»Bei Gott natürlich«, sagte Jesus. »Aber du bist natürlich auch mein Vater«, sagte er tröstend.

Ich hielt mich ein bißchen im Hintergrund. Ich merkte, daß ich schüchtern war diesem Jungen gegenüber. Obwohl er nett zu sein schien, das war es also nicht. Das letzte Mal, als ich ihn gesehen hatte, ritten wir zusammen auf einem Esel, und er hatte Windeln an. Jetzt war er plötzlich ein großer Junge. Er war zwölf, und ich war immer noch sieben. Ich dachte daran, daß ich Josef und Maria vielleicht schimpfen lassen sollte, wenn sie es wollten.

Aber es wurde nicht länger geschimpft. Es war schwierig, böse auf Jesus zu sein, er war viel zu fröhlich. Es ist schwierig, mit jemandem zu schimpfen, der weder wütend noch traurig ist, sondern nur lacht und sagt: »Es ist wohl klar, daß ich bei Gott, meinem Vater, war.« Ich meine, was antwortet man dann? Josef sagte, daß er vorsichtig sein sollte. Noch war er zwölf, das war sein Glück, aber später, wenn er 13 war, konnte es gefährlich sein, so mit den Schriftgelehrten zu reden, wie er es getan hatte.

»Ja, aber ich habe doch nur etwas gesagt, was wahr ist«, sagte Jesus. »Ich habe es ja nur zu den Schriftgelehrten gesagt. Sie sind doch Leute, die die Wahrheit lehren sollen. Da ist es doch nur gut, ihnen das beizubringen, was sie nicht verstanden haben?«

»Gerade dann können sie wütend werden«, sagte Josef.

Nee, zu dumm! dachte ich. Kann man über die Wahrheit wütend werden?

»Nee, zu dumm«, sagte Jesus. »Die Wahrheit macht doch froh!«

»Nicht alle«, sagte Josef.

»Die Ärmsten«, sagte Jesus. »Und erst recht die armen Leute, die dann zu den Schriftgelehrten kommen!«

Ich wunderte mich über eine Sache und flüsterte Maria zu: »Was ist da Besonderes dran, zwölf zu sein und noch nicht 13?«

»Wenn man zwölf ist, ist man noch ein Kind«, sagte Maria. »Jetzt ist noch Josef für das verantwortlich, was Jesus sagt und tut. Aber wenn er 13 wird, dann wird er volljährig, und dann kann er bestraft werden, wenn er die Schriftgelehrten reizt.«

Wir waren gerade auf dem Weg, die Tempelanlage zu verlassen, und gingen durch eine große Halle, die praktisch der Markthalle am Alten Heumarkt glich. Dort gab es Stände, wo man Geld wechseln und Opfertiere kaufen konnte. Auch sonst war alles mögliche da. Ich schaute mich um, ob es irgendwo Eis gab, aber ich sah nichts.

»Ich möchte dir im übrigen noch danken, Johannes«, sagte Maria. »Du warst es ja, der uns gesagt hat, daß wir im Tempel suchen sollten. Möchtest du eine Kleinigkeit haben? Du sollst etwas bekommen.«

Ich sah mich um, und auf einmal wußte ich, was ich haben wollte.

»Kannst du eine Taube für mich kaufen?« bat ich leise.

Da schaute Jesus mich an, als ob er wüßte, was ich dachte. Ich glaube, er fand meinen Gedanken gut.

»Willst du opfern?« fragte Maria.

»Nicht ganz«, sagte ich. Und Jesus lachte.

»Schenke ihm eine Taube, Mama!« bat Jesus.

»Natürlich kannst du eine Taube bekommen«, sagte Maria. »Welche möchtest du haben?«

Wir gingen zu einem Taubenverkäufer. Ich zeigte auf eine ziemlich kleine, ganz weiße Taube. »Die möchte ich haben«, sagte ich.

Jesus nickte ermunternd. »Die ist richtig«, sagte er.

Der Händler steckte seine Hand in den Käfig. Die Tauben flatterten aufgescheucht in alle Richtungen. Aber er kannte sich

damit aus, denn er fing meine weiße Taube auf der Stelle und faßte sie an den Flügeln, so daß sie nicht wegfliegen konnte.

»Ist es so gut?« fragte er. Ich nickte, und Maria bezahlte. Er reichte mir die Taube, ich nahm sie vorsichtig, sie hatte große Angst. Ich spürte, wie ihr Herz unter den Federn schlug. Dann gingen wir aus dem Tempel.

»Was willst du mit der Taube machen?« fragte Maria.

»Das hier«, sagte ich und öffnete die Hände. Zuerst saß sie noch einen Augenblick in meiner Hand.

Sie begriff wohl nicht, daß sie frei war. Dann flatterte sie und flog weg und setzte sich in eine Palme. Ich sah sie nur noch als einen weißen Fleck. Jesus lachte über das ganze Gesicht.

»Toll«, sagte er. »Solche Dankopfer findet mein Vater gut!«

Dann verließen wir Jerusalem und begaben uns wieder auf den Weg nach Nazareth. Es gab immer noch eine Menge Leute, die lachten und sangen und sich drängten.

Plötzlich, etwas weiter weg, erkannte ich jemanden.

»Michael!« schrie ich und vergaß sowohl Jesus als auch Josef und Maria. Er drehte sich um, und wir fielen uns in die Arme und begannen vor Freude herumzutanzen, mitten im Demonstrationszug.

»Wo warst du?« fragte Michael. »Ich habe unheimlich lange nach dir gesucht!«

»Drei Tage, was?« fragte ich.

»Nee, aber bestimmt eine Dreiviertelstunde, glaube ich«, sagte Michael. »Jetzt sind wir in der Innenstadt angekommen. Papa hat uns noch ein Eis versprochen.«

So bekam ich mein zweites Eis, während irgendein Mann eine Rede hielt.


## 27. Noch einer, der genauso heißt wie ich

Erst vergehen Wochen und Monate, ohne daß ich auch nur ein kleines Stückchen reise, und dann, wie an diesem 1. Mai, wird es ein richtiger Reisetag! Vielleicht, weil es auf der Demonstration so langweilig war. Irgend jemand redete und redete. Sonst hätten Michael und ich ja spielen können; aber wißt ihr, was dieser Heini machte? Ja, als wir unser Eis gelutscht und unsere Butterbrote gegessen hatten, da rollte er sich in eine Decke, die seine Mutter mitgenommen hatte, und schlief ein! Lustig, was? Jetzt hatte ich gar nichts mehr zu tun!

»Du kannst ja ein bißchen umhergehen und dich umsehen, wenn du dich nur nicht verläufst«, sagte Michaels Vater.

»Keine Angst«, sagte ich. »Ich verlaufe mich nicht öfter als einmal am Tag«, sagte ich.

»Gut«, sagte Michaels Vater.

Anscheinend konnte ich mehr als einmal am Tag reisen, wenn es soweit war. Ich sah genau nach, wo sie saßen: etwas links vom Rednerpult bei einer großen Birke. Dorthin würde ich ganz leicht zurückfinden.

Dann ging ich über eine Wiese. Sie war sehr groß. Früher hatten Soldaten hier ihre Übungen abgehalten. Ich sah Leute, die dem Redner zuhörten. Sie saßen im Gras, als ob sie ein Lager aufgeschlagen hätten. Das sind die Kinder Israels, dachte ich. Jetzt sind sie draußen in der Wüste. Sie sind lange durch die Wüste gegangen und haben Sand in die Schuhe bekommen und sehnen sich schon wieder zu den Fleischtöpfen in Ägypten zurück. Ja, denn das hat Großmutter erzählt. Als Mose sie befreite, da waren sie zuerst jedenfalls froh, aber dann, als es in der Wüste heiß wurde und sie Tag für Tag gingen, da begannen sie es zu bereuen und wollten in die Sklaverei nach Ägypten zurück.

»In Ägypten bekamen wir wenigstens ordentlich zu essen«, sagten sie.

Obwohl Gott die ganze Zeit etwas Eßbares für sie besorgte. Etwas, was »Manna« hieß und ungefähr wie Weißbrot war, kam nachts vom Himmel, und sie brauchten es nur aufzuheben und zu essen. Ich glaube, das schmeckte ungefähr so wie die Abendmahlsbrote, die man in der Kirche bekommt. Und dann kamen Wachteln, eine Sorte Vögel, die sie fangen und grillen konnten. Aber das gefiel ihnen alles nicht! Sie murrten. Nörgelten und murrten und sagten: »Wir wollen nach Hause zu unseren Fleischtöpfen!« Nach Hause, das sagten sie von Ägypten. Obwohl sie doch auf dem Weg nach Hause waren, ins Heilige Land, das Gott ihnen selbst gegeben hatte!

Da sitzen sie und murren, dachte ich, während ich auf den Berg Sinai muß, um die Gesetzestafeln von Gott zu holen. Dann kommt wenigstens Ordnung unter die Leute. Ich frage mich nur, ob man sie ohne weiteres allein lassen kann. Daß sie nur nicht auf dumme Gedanken kommen, während ich weg bin!

Ich spielte, daß ich Mose war. Es war ein Spiel, keine Reise. Naja, mein Bruder Aaron, der Priester ist, kann auf sie aufpassen. Ich kann nicht alles selbst machen. Ich muß jetzt nach Sinai gehen und sehen, ob Gott Gebote für mich hat.

Sinai war ein Hügel auf der Wiese, eher am Rand, in der Nähe des Funkhauses. Der Hügel war kein guter Sinai, aber er mußte reichen.

Na also, sagte Er, zehn Stück hätte Er sogar mit Seinem eigenen Finger auf zwei Steintafeln geschrieben.

»Ist es gut so?« fragte Gott und gab mir die Tafeln.

»Ja, danke, es sieht gut aus. Vielen Dank, lieber Gott, es ist ein gutes Gesetz!«

Und dann dachte ich daran, was geschehen würde, wenn ich zurückkam. Da hatten die blöden Israeliten meinen Bruder Aaron dazu verleitet, ein goldenes Kalb zu basteln, um es als Gott zu verehren, und dann hatten sie es angebetet und viel Wirbel gemacht, obwohl man keine anderen Götter als Gott haben darf. Denn es gibt keine anderen. Da wurde ich so wütend, daß ich die Steintafeln auf den Boden warf. Ich mußte dann wieder nach Sinai zurückgehen und neue holen. Aber ich hatte es nicht geschafft, den ganzen Weg zum Volk zurückzugehen, um die Tafeln dort hinzuwerfen, statt dessen hatte ich sie also mitten auf die Wiese geworfen. Ich sah zu Boden, traurig und wütend, daß ich der Anführer eines so törichten Volkes sein mußte. So ging ich, bis ich mit jemandem zusammenstieß.

»Oh, Entschuldigung«, sagte ich.

»Natürlich«, sagte er. »War nicht so schlimm.«

Er sah nett, aber komisch aus. Er war in Kamelleder gekleidet. (Ich kannte das, denn Papa hat einen Kamelhaarmantel.) Er war langhaarig, trug einen Bart und war recht schmutzig. Außerdem hatte er eine Lederschürze um den Bauch. Er sah etwas wild aus, aber freundlich. Dann sah ich mich um, und nun war eine richtige Wüste um mich herum. Es gab weder Demonstranten noch die Kinder Israels, nur Wüste und diesen Kerl und mich.

»Wie heißt du?« fragte ich.

»Ich heiße Johannes«, sagte er.

»Wie schön«, sagte ich. »Noch einer, der genauso heißt wie ich.«

## 28. Heuschrecken schmecken fast so wie zähe Ratten

»Ach so«, sagte er. »Du heißt also auch Johannes.«

»Ja«, sagte ich.

Dann wurde es still.

»Wo wohnst du?« fragte ich dann.

»Hier«, sagte er.

Ich sah mich um. Überall nur Wüste. Abwechselnd Sand und Stein. Der eine oder andere Busch, das war alles. Doch, Berge gab es auch, weiter weg.

»Hier kannst du doch nicht wohnen«, sagte ich erstaunt.

»Natürlich kann ich das«, meinte er. »Ich habe eine Höhle da hinten«, sagte er und zeigte über die Schulter. »Dort wohne ich.«

»Ja, aber was ißt du?« fragte ich.

»Heuschrecken«, antwortete er. »Ich röste sie. Das ist richtig gut. Und wilden Honig. Es gibt hier eine Menge wilder Bienen.«

»Was trinkst du denn?«

»Wasser natürlich«, sagte er. »Dort hinter dem Hügel fließt der Jordan. Da in der Nähe gibt es auch Brunnen. In ihnen ist das Wasser besser. Außerdem gibt es Leute in der Nähe, so bekomme ich ab und zu etwas Brot. Aber sonst lebt es sich gut hier in der Einsamkeit. Es ist recht schön.«

»Was machst du tagsüber?«

»Warte, dann wirst du es sehen«, sagte Johannes.

Jetzt sah ich, daß eine Menge Leute kamen. Als sie Johannes erblickten, steuerten sie direkt auf ihn zu.

»Predige uns!« baten sie. »Und taufe uns! Und bete für uns!«

»Dann laßt uns zum Fluß hinuntergehen«, sagte Johannes.

Und das machten wir. Sobald wir über die Anhöhe zum Fluß hinunter kamen, sah alles anders aus. Es war grün und schön. Büsche, Bäume, Gras. Ein ziemlich breiter Fluß, der ruhig und still zwischen lehmigen Ufern floß.

»Ist das der Jordan?« fragte ich.

»Genau«, sagte Johannes. »Möchtest du später Heuschrecken mit mir essen?«

»Klar!« rief ich, denn das hörte sich spannend an.

»Gut«, sagte Johannes. »Abgemacht. Du mußt nur ein bißchen auf mich warten. Denn ich muß noch ein wenig arbeiten.« Dann stellte er sich an das Ufer. Die Leute setzten sich und waren bereit, ihm zuzuhören, und dann predigte er.

Er war wütend. Es war gut, daß ich ihn schon vorher kannte und wußte, daß er nett war, sonst hätte ich wohl Angst bekommen. Jetzt dachte ich: Wenn er so wütend ist, dann beruht das sicher darauf, daß sie so dumm sind. Vielleicht genauso dumm wie die Kinder Israels, als sie das Goldene Kalb anbeteten. Sie bekommen sicher, was sie brauchen, dachte ich.

»Ihr Natternbrut!« schrie er das Volk an, das dort saß. »Ihr glaubt, daß ihr Gott an der Nase herumführen könnt. Ihr glaubt, daß Gott froh und zufrieden ist, wenn ihr nur hierher kommt und ich euch ins Wasser tauche. Und dann geht ihr nach Hause zurück und sündigt wie gehabt. Das glaubt ihr. Aber da vertut ihr euch! Ihr beschwindelt euch gegenseitig und bestehlt einander und betet alle möglichen Götter an, die es gar nicht gibt. Ihr seid gemein zu euren Frauen und lauft hinter anderen Frauen her. Und dann glaubt ihr, daß ihr nur bei mir ins Wasser getaucht zu werden braucht, dann ist alles gut, und ihr könnt nach Hause gehen und so weitermachen. Begreift ihr? Gott wird wütend, wenn ihr gemein zueinander seid und euch gegenseitig hereinlegt. Ihr wollt, daß der Messias kommt, nicht?« sagte Johannes. Dann wurde er ruhig.

»Wollt ihr das?« schrie er und zeigte direkt auf die, die am nächsten saßen.

»Wollt ihr, daß der Messias kommt?« fragte Johannes noch einmal.

»Ja«, brummten sie. »Und du hast doch gesagt, daß er kommen wird. Deswegen sind wir hergekommen, weil wir mehr darüber hören wollen.«

»Ja!« schrie Johannes und streckte ihnen die Faust entgegen. »Er kann jeden Augenblick kommen! Aber seid ihr bereit?«

»Wir sind Kinder Abrahams«, sagte ein langer, magerer Kerl mit feinen Kleidern. »Man hat uns beigebracht, daß Gott den Messias zu Abrahams Kindern schickt, um uns zu helfen. Ist das nicht so?«

»Doch, so ist es!« sagte Johannes bestimmt. »Wenn ihr Gottes Freunde seid. Wenn ihr nicht versucht, Gott an der Nase herumzuführen. Aber wenn ihr lügt und stehlt und einander betrügt, dann wird es schrecklich für euch, wenn der Messias kommt. Da hilft euch auch nicht, daß ihr sagt, ihr seid Abrahams Kinder, denn wenn Er will, dann kann Er diese Steine hier nehmen«, sagte Johannes und zeigte auf einige große Brocken, »und sie zu Abrahams Kindern machen.«

Ein Teil der Leute brummte und sah wütend aus. Aber keiner ging, keiner sagte etwas dagegen.

»Ihr müßt euch bessern!« schrie Johannes. »Wenn ihr getauft werdet, dann wascht ihr euch die Sünden im Fluß ab. Aber was hilft es, wenn ihr dann nach Hause geht und euch wie Schweine im Dreck wälzt?«

»Das machen wir doch nicht«, sagte einer.

»Geht ihr nicht nach Hause und wiegt weiter mit falschen Gewichten, und entlockt ihr nicht armen Witwen ihr Geld?«

»Das natürlich«, sagte jemand. »Dürfen wir das nicht?«

»Nein, das dürft ihr nicht!« schrie Johannes. »Ihr müßt euch bessern, solange es Zeit ist.«

Dann war seine Predigt zu Ende.

»Die, die getauft werden wollen, ziehen alles aus bis auf die Unterwäsche und gehen in den Fluß«, sagte Johannes.

Einige drehten um und gingen nach Hause. Andere gingen in

den Fluß und stellten sich hin. Johannes ging zu ihnen, tauchte einen nach dem anderen einen Augenblick unter und sprach ein Gebet. Dann war alles vorbei.

»Jetzt werde ich dich zu einigen Heuschrecken einladen«, sagte Johannes. »Kommst du mit?«

Wir gingen in seine Höhle. Es war nicht weit. Er hatte das Feuer schon vorbereitet, einige Kohlen glühten noch, und er blies sie wieder an und legte Holz auf. Dann holte er einen Krug hervor mit irgend etwas darin, das wie Krabben aussah, und röstete es eine Weile über dem Feuer.

»Salz mußt du selbst nehmen«, sagte er.

Die Heuschrecken waren recht gut. Sie schmeckten etwa wie zähe Ratten. Salzige, zähe Ratten.


## 29. An so etwas erinnert man sich, sagte der Täufer

»Bist du nicht einsam, wo du doch so allein wohnst?« fragte ich.

»Nein«, sagte Johannes. »Es ist eher so, daß ich nie meine Ruhe habe. Dauernd kommen Leute und wollen getauft werden und wollen, daß ich sie ausschimpfe.«

»Finden sie denn gut, daß du sie ausschimpfst?« fragte ich erstaunt.

»Zum Teil«, sagte Johannes. »Sie wissen, daß ich recht habe. Und die anderen finden trotzdem gut, daß jemand sagt, wie es ist.«

»Ja, das ist gut«, sagte ich, »auch wenn es Schelte ist.«

»Magst du Heuschrecken?« fragte der Täufer.

»Es geht«, sagte ich. »Ich frage mich, ob man sie nicht zum Beispiel in flüssige Schokolade eintauchen kann?«

»Habe ich nicht«, sagte der Täufer, »aber versuche es mit wildem Honig.«

Er holte eine Schale mit Honig hervor. Damit schmeckten sie tatsächlich viel besser.

»Übrigens ist es wichtig, daß man manchmal allein ist«, meinte Johannes. »Man lernt zuzuhören, wenn man nicht gezwungen ist, die ganze Zeit selbst zu reden.«

»Gott, meinst du?« fragte ich.

»Genau. Mein Vater hat mir das beigebracht.«

»Wie heißt er?«

»Jetzt ist er tot. Er hieß Zacharias, und er war Priester im Tempel von Jerusalem. Meine Mutter und er glaubten nicht, daß sie noch Kinder bekommen würden. Sie waren zu alt. Aber einmal, als mein Vater Dienst im Tempel hatte und in das Allerheiligste gehen und das Rauchopfer anzünden wollte, da kam drinnen ein Engel zu ihm.«

»War es Gabriel?« fragte ich. »Der, der auch zu Maria gekommen ist?«

Johannes sah erstaunt aus.

»Hast du davon gehört?« fragte er. »Ja, es war tatsächlich Gabriel. Und weißt du, was er sagte?«

»Daß dein Vater keine Angst haben sollte, nicht? Damit fangen die Engel meistens an.«

»Ganz genau! Dann sagte er, daß meine Mutter ein Kind bekommen würde. Das war ich. Und daß ich Johannes heißen sollte. Und daß ich ein Eremit und Prophet werden sollte, der das Volk von Gott grüßt. So war bestimmt, was ich werden sollte, noch bevor ich geboren war.«

»Wie schön«, sagte ich. »Da wußtest du von Anfang an, was du werden solltest. Ich weiß das nicht. Was hat dein Vater da gesagt?«

»Er konnte nicht daran glauben. Er dachte daran, wie alt meine Mutter schon war. Sie kann doch gar kein Kind mehr bekommen, dachte er.«

»Wurde der Engel da ärgerlich?«

»Das glaube ich nicht. Aber er machte, daß mein Vater stumm wurde. So bekam er Zeit zum Nachdenken. Das war gut, denn auf diese Weise konnte er mir später beibringen, daß es genauso wichtig ist, still sein zu können, wie reden zu können. Stell dir vor, viele wissen das nicht!« Johannes lachte. »Übrigens, als meine Mutter Elisabeth meinen Vater später einmal ärgern wollte, da sagte sie, daß sie es nie so schön gehabt habe wie in den Monaten, als mein Vater stumm war.«

»Wie bekam er denn seine Stimme wieder?«

»Das war, als ich acht Tage alt war und beschnitten werden sollte.«

»Was ist denn das?«

»Vor langer Zeit hat Gott Abraham gesagt, daß wir Sein Volk sein sollten. Und da wollte Gott, daß man es auf irgendeine Art sehen sollte. Deswegen sagte Er, daß man den Jungen das vorderste Hautteil des Gliedes wegschneiden sollte, wenn die Jungen acht Tage alt sind.«

»Wie schrecklich!« rief ich. »Tut das nicht furchtbar weh?«

»Nicht, daß ich mich erinnern kann«, sagte Johannes.

»Stell dich doch nicht so dumm an«, sagte ich. »Man kann sich doch wohl nicht an etwas so Frühes erinnern?«

»Sag das nicht«, sagte er. »Aber mal im Ernst, es tut nicht besonders weh. Und gleichzeitig mit der Beschneidung bekommt man seinen Namen.«

»Also eine Art Taufe?« fragte ich.

»Nein«, sagte Johannes. »Jedenfalls nicht so eine Taufe, wie ich sie vornehme. Aber wer weiß, was später vielleicht einmal wird? Wenn der Messias kommt, dann weiß man nicht, was er tut. Nur, daß alles anders sein wird.«

Die Heuschrecken in der Schale waren fast alle. Ich schielte hinüber, ob er fand, daß ich zuviel aß, aber er lachte nur und schob die Schale näher zu mir heran.

»Was meinst du damit?« fragte ich.

»Daß alles Alte jetzt allmählich aufhört. Daß der Messias mit etwas ganz Neuem kommt, und ich weiß nicht was, nur daß es wichtig ist. Vielleicht kommt er, um zu taufen, anstatt zu beschneiden, was weiß ich?«

»Ja, das macht er bestimmt«, sagte ich. »Man wird getauft und bekommt Gott in sich hinein, und bei dieser Gelegenheit bestimmen sie auch, wie man heißt.«

»Wir werden ja sehen«, meinte Johannes.

»Aber damals«, sagte ich, »als du beschnitten wurdest, fing dein Vater da wieder an zu reden?«

»Genau. Die Nachbarn und Verwandten sagten, daß ich wie mein Vater Zacharias heißen sollte.«

»Aber der Engel hatte doch gesagt, daß du Johannes heißen solltest!«

»Natürlich. Und meine Mutter sagte das auch.«

»Wie konnte sie das wissen?«

»Mütter wissen Bescheid. Manchmal jedenfalls.«

»Das hatte sicher Gott ihr gesagt.«

»Aber die Nachbarn hörten nicht auf sie. Sie fragten meinen Vater. Da nahm er eine Tafel und schrieb: ›Johannes soll er heißen!‹ Und dann konnte er plötzlich wieder reden.«

»Was sagte er da?«

»Er dankte Gott.«

Johannes drehte sein bärtiges Gesicht zu mir hin. Es leuchtete richtig um ihn herum, so froh und eifrig war er. Sonst war er wohl etwas einsam, denn ich merkte, daß er es gut fand, mit mir zu reden.

»Du hast gesagt, daß man sich an nichts erinnert, wenn man nur acht Tage alt ist. Das stimmt meistens. Aber ich erinnere mich an etwas noch Früheres. Das war, bevor ich geboren war.«

»Kann man sich daran erinnern?« fragte ich.

»Ich weiß nicht, was andere können, aber ich erinnere mich. Ich lag da wie Jona im Bauch des Fisches und strampelte im Bauch meiner Mutter. Da kam Maria zur Tür herein. Sie trug den Messias in sich. Und ich zuckte zusammen. Ich wurde richtig glücklich, denn ich wußte, daß er jetzt da war. Ich erinnere mich daran. Mit Hilfe meines Körpers. Es zuckt in mir vor Freude. Eben zuckte es so in mir, als du sagtest, die Beschneidung sei eine Art Taufe. Mein Körper spürt es. Deshalb glaube ich, daß es wahr ist, obwohl ich es nicht verstehe. Nie in meinem Leben bin ich so froh gewesen wie damals, als Maria mit dem Jesuskind im Bauch kam. Kannst du mir glauben, daß man sich an so was erinnert, obwohl man noch nicht einmal geboren ist?«

Ich dachte nach. Ich wollte nicht »Ja« sagen, nur um ihm eine Freude zu machen.

»Doch«, sagte ich. »Nicht mit dem Kopf, aber vielleicht mit dem Körper.«

So kam es, daß ich daran dachte, wie es war, als ich neugeboren war und getauft wurde.

»Doch«, sagte ich. »An so was kann man sich erinnern. Aber nur mit dem Körper.«

Jetzt hörte man Stimmen vor der Höhle.

»Täufer!« riefen sie. »Komm heraus und taufe uns! Komm und predige!«

»Schluß mit der Ruhe«, sagte Johannes und erhob sich langsam. »Kommst du mit?«

Wir gingen aus der Höhle.

## 30. Wen hat er wohl getauft?

Er sah etwas müde aus, fand ich, als wir zum Fluß hinuntergingen. Die Leute saßen schon auf ihren Plätzen, bereit zum Zuhören.

»Wer bist du eigentlich?« rief jemand.

»Ich bin eine Stimme, die in der Wüste ruft«, antwortete Johannes.

Und irgendwie erkannte ich alles wieder. Eben noch war Johannes nur ein netter Kerl gewesen, der zu Heuschrecken einlud, die wir in Honig tauchten. Jetzt wurde er anders.

Alles war wie damals am Anfang, als ich mit dabei war. Johannes war ein einziges großes, lebendiges Wort. Oder besser: Es war nur seine Stimme, die richtig wirklich war. Den abgekämpften Kerl in den Kleidern aus Kamelhaar sah man nicht, man hörte nur die Stimme. Wie wenn man etwas Gutes im Radio hört.

Natürlich sehe ich auch das Radio, aber es ist nicht wichtig. Nur das Märchen, das zum Beispiel jemand vorliest, ist wirklich.

Obwohl dieses hier kein Märchen war. Johannes erzählte jetzt von Jesus. Von dem Messias, wie er ihn nannte. Wieder sagte er, daß er jeden Moment kommen könnte. »Und dann ist es er, dem ihr zuhören sollt, nicht mir«, sagte Johannes.

»Ich habe geglaubt, du wärst der Messias«, sagte jemand.

»Nein«, sagte Johannes. »Wenn der Messias kommt, dann bin ich nichts. Ich bin es nicht einmal wert, ihm die Sandalen zuzuschnüren.«

»Bist du denn der Prophet Elia?« fragte ein anderer.

»Ist der nicht tot?« fragte noch einer.

»Ja, seit langem, aber man weiß nie, ob die Propheten nicht zurückkommen können.«

»Tote kommen doch nicht zurück!«

»Sag das nicht, sag das nicht«, meinte ein kleiner, runder Kerl und schüttelte die ganze Zeit mit dem Kopf.

»Ich bin nicht Elia!« sagte Johannes bestimmt. »Aber genau wie Elia werde ich euch beibringen, wie man auseinanderhält, was richtig und was falsch ist. Das müßt ihr können, wenn der Messias kommt, sonst wird es schrecklich für euch!«

»Wie macht man das denn?« fragte jemand. »Wie unterscheidet man richtig und falsch?«

Es hörte sich an, als ob er es wirklich wissen wollte, so daß Johannes freundlich zu ihm war.

»Wie viele Hemden hast du?« fragte Johannes ihn.

Der Kerl machte ein dummes Gesicht. Er zog an seinem Hemd, als ob er nicht wüßte, wie viele er anhatte.

»Eins«, sagte er. »Das habe ich an. Und dann habe ich zu Hause eins zum Wechseln. Das wäscht meine Frau gerade.«

»Verschenke das!« sagte Johannes.

Die anderen lachten.

»Das gilt für alle«, sagte Johannes scharf. Und da wurden sie still. Es waren anscheinend mehrere, die zu Hause Hemden zum Wechseln hatten.

»Solange es Leute gibt, die kein Hemd haben, soll der, der zwei hat, eins verschenken«, sagte Johannes.

»Kann man statt dessen nicht eine Taube opfern?« versuchte es einer.

Aber Johannes sah den Kerl so wütend an, daß dieser ganz still wurde. Das ging also nicht.

»Das gilt ebenfalls für Brot«, sagte Johannes. »Der, der zwei Stücke hat, soll das eine verschenken.«

»Gut, Brot auch«, brummte der, der zwei Hemden hatte. »Ich kann mir vorstellen, daß das auch für Sandalen gilt!«

»Wenn du zwei Paar hast, dann gilt es auch für Sandalen«, sagte Johannes. Und der Kerl schwieg.

»Ich bin Zöllner«, sagte ein Mann. »Und ich möchte gern getauft werden und Gottes Freund sein. Wie mache ich das nur?«

»Nimm nicht mehr Geld, als du zu Recht nehmen darfst«, sagte Johannes.

»Ich bin Soldat«, sagte ein anderer. »Was soll ich machen?«

Höre auf, Leute totzuschlagen, dachte ich.

Aber das sagte Johannes nicht.

»Raube nicht«, sagte er nur. »Erpresse kein Geld von den Leuten, sondern begnüge dich mit deinem Lohn.«

Komisch, fand ich. Er hätte sagen müssen, daß es Soldaten gar nicht geben sollte!

Obwohl ja auch für Jesus sicher noch etwas zu sagen übrigbleiben mußte.

»Täufer«, sagte jemand, »kannst du nicht statt dessen taufen? Das ist viel lustiger, als wenn du predigst.«

»Jetzt gehen die in den Fluß, die ihre Sünden bereuen«, sagte Johannes.

In diesem Moment blickte er den Mann an und bekam einen großen Schreck.

»Nein«, sagte er, »nicht dich! Dich werde ich nicht taufen. Du taufst mit heiligem Geist und Feuer, ich taufe nur mit Wasser. Taufe du mich statt dessen.«

»Trotzdem sollst du mich taufen«, sagte der Mann.

Ich sah den an, der gekommen war. Er sah ganz normal aus, zuerst. Gerade richtig groß und richtig stark. Eine Menge Leute standen rings herum, die auf den ersten Blick ungefähr aussahen wie er. Dann erkannte ich ihn wieder. Es war der zwölfjährige Junge, ich erkannte seine Augen. Er hatte etwas Frohes in den Augen, auch wenn er ernst war. Es war Jesus. Aber nun war er ungefähr 30.

»Doch«, sagte er, »ich will, daß du mich taufst.«

Als er dies sagte, bemerkte ich noch etwas. Obwohl er sehr

nett schien, war es unmöglich, nicht zu tun, was er sagte. Ich glaube, er wäre ein guter Lehrer geworden.

Also taufte Johannes ihn. Alle anderen warteten am Ufer. Gerade, als er Jesus taufte und ihn im Wasser untertauchte, passierte etwas Merkwürdiges. Es wurde ganz hell. Wie wenn es erst wolkig gewesen ist und dann plötzlich die Sonne hervorbricht, nur stärker. Ich versuchte, in das Licht zu schauen, aber es schmerzte so, daß ich die Augen zukneifen mußte.

Dann sagte jemand etwas Sonderbares. Es hörte sich an wie: »Du bist mein Sohn, ich habe dich heute geboren.« Es war keine laute Stimme, aber man konnte sie gut hören. Und es war wie am Anfang. Man hörte sie auf einmal überall, die Worte waren einfach da. Ja, es war, als ob Jesus erst in diesem Moment richtig Jesus würde, der erwachsene Jesus.

Ich blinzelte wieder, um zu sehen, ob er jetzt anders aussah. Nein, das nicht. Aber es kam eine weiße Taube von oben geflogen. Sie ähnelte genau der Taube, die ich in Jerusalem gekauft und freigelassen hatte.

Kann es dieselbe gewesen sein?

# 31. In der Wüste

Nachdem Jesus getauft worden war, ging er einfach weg. Keiner sagte etwas, keiner folgte ihm. Doch, ich. Ich schlich ihm heimlich nach. Er wollte seine Ruhe haben, so schien es. Sonst hätte ich sicher versucht, Freundschaft mit ihm zu schließen. Er wirkte noch netter als Johannes, und ich kannte ihn ja schon etwas von früher. Wir hatten eine Taube zusammen freigelassen, und ich war auf einem Esel mit ihm geritten, als er noch richtig klein war. Ja, ihn wollte ich näher kennenlernen. Er war aufregend und nett zugleich. Aber nun wollte er seine Ruhe haben, schien es. Er ging direkt in die Wüste. Ich hielt mich ziemlich weit hinter ihm. Er drehte sich nie um, so daß ich in seiner Spur trottete. Es war morgens, und es begann heiß zu werden. In einer Sandwüste wäre es auf jeden Fall schöner gewesen, dachte ich. Diese Wüste hier war voller Steine. Nichts wuchs. Die Sonne brannte immer stärker. Wie weit wollte er gehen? Würde ich es schaffen, ihm zu folgen? Und was würde dann geschehen?

In der Ferne wurde es bergig. Er ging den Bergen entgegen. Ich trottete hinterher. Ich wünschte, daß er sich umdrehen würde. Auch wenn er seine Ruhe haben wollte, so glaubte ich nicht, daß er ärgerlich werden würde. Vielleicht durfte ich auf seinen Schultern sitzen? Aber die ganze Zeit sah ich nur seinen Rücken. Er ging immer weiter. Ich war fast gezwungen zu laufen, um mitzuhalten. Trotzdem wurde der Abstand zwischen uns immer größer. Da setzte ich mich hin und ruhte mich aus. Jesus sollte nicht von Kindern weggehen, finde ich! Plötzlich war ich wütend auf ihn. Er wußte sehr wohl, daß ich ihm folgte, obwohl er sich nichts anmerken ließ. Denn er wollte wohl wirklich seine Ruhe haben.

»Jesus!« schrie ich. »Aber *ich* will keine Ruhe haben! Komm hierher!«

Ich war mir sicher, daß Jesus es hörte. Denn er hört doch alles, oder? Aber er ging einfach weiter, immer weiter weg. Da gab ich auf. Ich hätte ihn sowieso nie eingeholt! Gab es denn sonst keinen, den man hier treffen konnte? Da hörte ich eine Stimme, zumindest glaubte ich es, aber es konnte auch Einbildung gewesen sein, denn ich sah niemanden. Zunächst jedenfalls nicht.

»Johannes!« rief eine Stimme. »Hallo Johannes!«

»Wer bist du?« fragte ich. »Und woher weißt du, wie ich heiße?«

»Ich bin, der ich bin«, sagte die Stimme. »Und ich weiß alles.«

»Bist du Gott?« fragte ich.

Die Stimme lachte. Es klang, wie wenn jemand Sandpapier auf einem Holzstamm reibt.

»Vielleicht«, sagte die Stimme. »Der Name ist nicht wichtig.«

»Das finde ich doch«, sagte ich. »Ich will wissen, mit wem ich rede!«

»Ein Freund«, zischte die Stimme. »Ein kluger Freund, der sagt, daß du jetzt nach Haus gehen solltest, denn sonst bekommst du einen Sonnenstich. Es ist nicht gut für kleine Jungen, allein in der Wüste umherzulaufen!«

Das fand ich auch. Aber mir gefiel seine Stimme nicht.

»Und noch etwas«, sagte die Stimme. »Nimm dich vor dem Kerl da hinten in acht, der ist gefährlich!«

Da wurde ich wütend.

»Meinst du Jesus?« sagte ich. »Der ist nett. Er ist keine Spur gefährlich.«

»Es ist gefährlich, zuviel an ihn zu denken«, sagte die Stimme, »und solche Reisen zu unternehmen, wie du es machst. Das ist nicht gut für kleine Jungen. Frag deine Lehrerin, wenn du mir nicht glaubst.«

Da bekam ich Angst. Denn meine Lehrerin war ja unruhig geworden, als ich ihr von den Reisen erzählt hatte. Sie hatte das nicht gut gefunden, obwohl sie anschließend ganz besonders nett zu mir gewesen war. Hörte sich Gott so an?

»Bist du wirklich Gott?« fragte ich.

»Ssssch«, zischte die Stimme, »keine Namen! Ich gebe dir nur einen guten Rat. Geh zurück nach Stockholm auf die Wiese in der Stadt, dann bin ich mir sicher, daß Michaels Vater dich noch zu einem Eis einlädt. Wäre ein Eis jetzt nicht gut? Ist es hier nicht ziemlich heiß?«

»Eis ist nicht alles«, murmelte ich.

»Nein, das ist wahr«, sagte die Stimme. »Was würdest du am allerliebsten haben?«

»Einen Heimcomputer, auf dem man eigene Spiele machen kann«, sagte ich ohne nachzudenken.

»Toll«, sagte die Stimme. »Toll! Hast du daran gedacht, daß du Gott darum bitten kannst? Bitte um einen Heimcomputer!« sagte die Stimme. »Um so einen tollen, mit dem man Tontauben schießen und Städte zerbomben kann! Oder einen mit Invasionen aus dem All! Bitte um so einen! Du glaubst doch an Gott. Tust du das nicht?«

Es hörte sich merkwürdig an, als er fragte: »Glaubst du an Gott?«

Gott *ist* ja einfach *da*, da braucht man nicht viel zu glauben, Er ist doch selbstverständlich da.

95

»Glaubst du nicht, daß Gott dir diesen Heimcomputer geben kann?« fragte die Stimme.

»Natürlich kann Er das«, sagte ich. »Aber vielleicht will Er nicht.«

»Dann ist Er dumm«, sagte die Stimme. »Versuch es!«

»*Du* bist dumm!« rief ich. Ich wußte nicht, warum ich das wagte. Oder doch, ich wußte es. Es war der Rücken von Jesus weit, weit weg hinten in der Wüste. Deswegen wagte ich es.

»Vergiß den Heimcomputer«, sagte die Stimme. »Aber wir können Freunde werden! Ich kann machen, daß du der Beste in der Klasse wirst. Mama und Papa würden sich freuen!«

»Ich weiß nicht«, sagte ich.

»Du bekommst den Heimcomputer ebenfalls«, sagte die Stimme. »Und auf der Stelle ein Eis! Du bekommst, was du willst, wenn du nur mein Freund wirst! So sehr mag ich dich.«

»Ich weiß nicht«, sagte ich wieder. Ich wußte es wirklich nicht.

»Wenn du nur mit den Dummheiten von Gott und Jesus aufhörst. Das ist nicht gut für dich. Es ist zu deinem Besten, damit aufzuhören!«

»Ich weiß nicht«, sagte ich zum dritten Mal und war nahe daran zu weinen. Denn ich konnte weder ja noch nein sagen. Kinder können das nicht! Nicht, wenn es ist wie hier.

Es begann schon zu dämmern. Jesus war nicht größer als ein Punkt. Aber es schien, als ob er anhalte, und ich *glaube*, er wandte sich um und sah zu mir hin. Da zischte es plötzlich wütend im Gestein, und ich sah, wie sich eine ziemlich kleine Schlange zwischen den Steinen hindurchschlängelte. Mir wurde ganz kalt, denn nun begriff ich, mit wem ich gesprochen hatte. Es war die Schlange selbst gewesen! Ich lief und lief, weinend wie ein Schloßhund, bis mich jemand auffing.

»Hast du dich heute zum zweiten Mal verlaufen?« fragte Michaels Vater und nahm mich in den Arm. »Jetzt ist es Zeit für das letzte Eis an diesem Tag, finde ich, und dann ab nach Hause.«

Das Eis war lecker: Schokolade, Birne und Pistazie.

Dann gingen wir nach Hause.

## 32. Großmutter ist in Ordnung und Michael auch

In der U-Bahn, auf dem Weg nach Hause, beschloß ich: Jetzt reicht es mit dem Reisen! Aber nicht, weil die Schlange das gesagt hatte. Denn ich wollte nicht ein Freund der Schlange sein, das war sicher! Aber ich wollte auch nicht, daß die Leute glaubten, daß ich komisch wäre.

Michael und ich, wir verschwanden an diesem Nachmittag erst einmal für eine Weile in unserem Versteck. Er hatte ja geschlafen. Deshalb war er hellwach und wollte mit mir quatschen. Wir rannten alle Treppen im Kirchturm hoch, so daß wir ganz kaputt waren. Dann öffneten wir die Luke und setzten uns in den kleinen Rundgang um den obersten Teil des Turmes. Dort war ein festes Gitter, das ungefähr bis zur Brust reichte, wenn wir aufstanden. Also war es eigentlich keine Spur gefährlich.

Oh, welche Aussicht an solch einem Abend! Die Luft war noch immer ganz klar, und wir konnten bis nach Haga sehen. Michael hatte außerdem noch einige Sardinenbrote und etwas Sprudel von zu Hause mitgehen lassen.

»Wir essen in unserem Versteck«, hatte Michael gesagt, bevor wir gingen.

»Wo liegt denn dieses Versteck?« hatte Michaels Vater da gefragt und ein bißchen neugierig gelacht.

»Sagen wir nicht. Das ist ein Geheimnis.«

»Ich kann es mir denken. Ihr habt eine Bude im Tegnérpark gebaut.«

»Vielleicht«, hatten wir da gesagt und gelacht.

Wenn sie das wüßten! Dann hätten sie sicher Angst, daß wir da hinunterfallen könnten, und würden uns verbieten, wieder auf den Kirchturm zu steigen. Einige Sachen kann man Erwachsenen nicht erzählen.

»Findest du, daß ich komisch bin?« fragte ich Michael.

»Klar«, sagte Michael und lachte laut. »Völlig bekloppt. Deshalb finde ich dich ja so gut!«

»Nein, im Ernst. Das mit meinen Reisen, findest du das komisch?«

»Darüber habe ich noch nicht nachgedacht«, meinte Michael. »Du kommst auf tolle Geschichten. Was ist dabei komisch?«

»Ja, aber das ist nicht einfach nur erfunden«, sagte ich. »Das ist wahr.«

»Mal langsam«, sagte Michael. »Daß es Jesus gegeben hat und so was, das ist wahr. Das steht ja in der Bibel. Aber daß du dort hinreist, das erfindest du. Doch das kann man ja ruhig.«

»Aber ich habe nicht das Gefühl, das zu erfinden«, sagte ich aufgeregt.

»Mal langsam«, sagte Michael wieder und stopfte mir das Sardinenbrot in den Mund, so daß ich nichts mehr sagen konnte. Und dann fingen wir beide an zu kichern. Schließlich redeten wir über etwas anderes.

Aber ich war nicht zufrieden. Auf meiner Reise hatte mich die Schlange erschreckt. Und Michael erschreckte mich auch, weil er nicht verstand, daß diese Reisen Wirklichkeit waren. Unsere Lehrerin und Mama, die beide deswegen ängstlich waren, machten mir auch angst. Ich fand nicht, daß ich komisch war – oder vielleicht doch? Obwohl ich es nicht begriff.

»Jesus«, sagte ich still zu mir selbst, als wir hinabstiegen. »Bin ich komisch?«

Aber ich sah nur seinen Rücken vor mir wie einen Punkt weit weg in der Wüste.

»Tschüß«, sagte Michael, als wir auf den Kirchplatz hinauskamen. »Wir sehen uns morgen!«

»Tschüß«, antwortete ich. »Bis morgen.«

Dann ging ich auch.

Großmutter wohnt in der Thulegatan. Ich ging zu ihr hinauf. Zum Glück war sie zu Hause.

»Wie schön, daß du kommst, Johannes!« rief sie. Und dann bot sie mir Saft an und rief Mama und Papa zu Hause an und sagte, daß ich bei ihr sei, damit sie nicht unruhig würden. Dann saßen wir und unterhielten uns.

»Findest du, daß ich komisch bin?« fragte ich.

»Nein«, sagte sie erstaunt. »Warum fragst du?«

Und dann erzählte ich ihr alles. Ich paßte auf, was für ein Gesicht sie die ganze Zeit machte. Aber sie sah nicht anders aus als eben eine Großmutter, die zuhört.

»Hast du vor deinen Reisen Angst?« fragte sie dann.

»Zuerst nicht«, sagte ich. »Es war spannend und lustig. Aber dann, als die Schlange mich erschreckte, da bekam ich Angst.«

»Und die Lehrerin, glaube ich, hat dich auch erschreckt«, sagte Großmutter.

»Ja, sie auch.«

»Die Lehrerinnen wissen heutzutage nichts von solcher Art Reisen«, sagte Großmutter. »Das ist schade, aber es ist so.«

»Aber *du* glaubst, daß man so reisen kann?«

»Klar kann man das, du tust es ja.«

»Ist es aber nicht nur erfunden?«

»Ich weiß nicht, wie man das nennen soll«, sagte Großmutter. »Darauf sollen die Gelehrten kommen. Aber ich bin mein ganzes Leben so wie du gereist und finde nicht, daß ich deswegen besonders verrückt bin.«

»Du bist gereist, Großmutter?« fragte ich und fing an zu lachen.

»Ja«, sagte Großmutter. »Das kann ich dir versichern.«

»Aber was passiert dabei?« fragte ich. »Fliegst du plötzlich durch die Luft?«

»Solch eine dicke, alte Tante wie ich?« lachte Großmutter. »Nein, ich sitze die ganze Zeit in meinem Sofa. Oder in der Kirchenbank oder sonstwo. Du kannst sicher sein, daß du den ganzen Tag in der Stadt gewesen bist!«

»Glaubst du mir etwa auch nicht?« fragte ich mißtrauisch.

»Na klar glaube ich dir, ich reise ja selbst dauernd. Obwohl es noch öfter passierte, als ich ein Kind war. Aber wir reisen von innen heraus. Der Körper bleibt da.«

Ich dachte lange nach.

»Aber ist es nicht wahr, was ich gehört und gesehen habe?«

»Das kommt darauf an«, sagte Großmutter. »Wenn es mit der Bibel übereinstimmt, dann ist es wahr. Stimmt es mit ihr nicht überein, dann haben wir wohl etwas dazuerfunden. Aber das, was wir selbst erfunden haben, werden wir ja wohl nicht glauben. Doch was du mir erzählt hast, stimmt recht genau, finde ich.«

»Also darf ich reisen?«

»Sicher darfst du es! Übrigens passiert es dir doch sicher einfach so, kann ich mir vorstellen. Das ist doch wohl nichts, was du dir vornimmst?«

»Nein«, sagte ich, »das kann man sich nicht vornehmen.«

»Sieh nur zu, daß du zum Abendessen immer wieder zurückkommst, dann kannst du reisen, soviel du willst.«

»Also brauche ich keine Angst zu haben?«

»Dann nicht! Auf die Schlange darfst du nicht hören, denn die verführt dich nur. Das steht in der Schrift, also ist es wahr. Und eure Lehrerin ist sicher nett, aber Lehrerinnen wissen auch nicht alles. Und merk dir, Johannes«, sagte Großmutter, »man braucht Erwachsenen nicht immer alles zu erzählen!«

Dabei zwinkerte sie mit den Augen, daß ich lachen mußte.

Ich bekam eine solche Lust, sie zu umarmen, daß ich es machte. Dann bekam ich Lust, von unserem Versteck auf dem Kirchturm zu erzählen. Aber ich dachte daran, was sie gesagt hatte. Man braucht Erwachsenen nicht alles zu erzählen.

Also tat ich es auch nicht.

# 33. Versucht es im Tiefen!

Es wurde nichts aus dem Gespräch mit dem Psychologen, von dem Mama gesprochen hatte. Gut! Papa arbeitet viel zuviel, finde ich. Obwohl er sich gleichzeitig ein wenig freinehmen kann, wann immer er will. Man weiß nie richtig, wann Pfarrer arbeiten.

Einen Montag verschliefen wir alle. Nein, das stimmt nicht. Moa und Aino haben einen eigenen Wecker, so daß sie rechtzeitig zur Schule kamen. Aber Mama, Papa und ich, wir verschliefen. Mama schüttete etwas Kaffee in sich hinein und hetzte zu einem Kurs oder was es war. Und dann waren Papa und ich allein.

»Du mußt der Lehrerin einen Zettel schreiben«, sagte ich, »daß wir verschlafen haben.«

»Wir nehmen uns frei«, sagte Papa.

»Können wir das denn?« fragte ich verwundert.

»Ich habe heute eigentlich nichts Besonderes vor«, sagte Papa. »Das, was ich vorhatte, kann ich aufschieben. Sollen wir zum Angeln rausfahren?«

»Astrein!« rief ich begeistert. »Aber was sage ich unserer Lehrerin?«

»Akzeptiert sie, wenn ich schreibe, daß wir zum Angeln rausgefahren sind? Was meinst du?« fragte Papa.

Ich war mir nicht sicher. Man darf für so was wohl nicht zu Hause bleiben.

»Dann schreiben wir ›Abwicklung von Privatangelegenheiten‹«, sagte Papa.

Das machte er dann am Dienstag. Die Lehrerin sagte nichts. Aber später fiel uns ein, daß wir gerade an diesem Tag zu dem Psychologen hätten gehen sollen. Danach wurde nichts mehr daraus. Gut! Wir angelten statt dessen. Auf unserem Balkon ist eine Abstellkammer. Die hat keine Tür, nur ein Fenster. Durch dieses Fenster stellen wir gewöhnlich unsere Skier und Schlitten und so was vom Balkon aus dort hinein. Da stehen auch ein paar Angelruten, die Papa hervorholte. Dann nahmen wir den Bus nach Haga und runter zum See. Es war ein herrlicher Tag, fast sommerlich, obwohl es gerade erst Anfang Mai war. Papa hatte Brot mitgenommen, das wir als Köder benutzen konnten. Da ich ab und zu auch die Enten damit fütterte, war es bald aufgebraucht. Deshalb kauften wir einige Hamburgerbrötchen von einem Wurstverkäufer. Damit ging es auch. Oder besser gesagt: Damit ging es genauso schlecht. Denn wir fingen keinen einzigen Fisch. Aber schön war es trotzdem. Wir saßen in der Sonne auf der Landungsbrücke, und jeder hielt seine Angelrute und schaute auf den Schwimmer, der etwas träge im Wasser auf und nieder schaukelte.

»Das ist hier fast so, wie es war, als Petrus und Johannes fischten«, sagte Papa. »Sie fingen auch nichts.«

»Erzähl!« bat ich.

Und das tat Papa dann. Auf der Brücke stand eine Bank, gegen die man seinen Rücken lehnen konnte. Die Sonne wärmte so schön, daß ich die Augen schloß. Ich fühle es schon, wenn einer anbeißt, dachte ich.

»Ja«, sagte Papa, »es waren Simon Petrus und sein Bruder Andreas.«

»So heißt ein Junge in meiner Klasse«, sagte ich.

»Und da waren auch noch ein paar Brüder, die Jakob und Johannes hießen. Man glaubt, es war der Johannes, der das Johannesevangelium später schrieb.«

»Was ist denn das?« fragte ich.

»Eine Geschichte über Jesus. ›Evangelium‹ bedeutet ›Frohe Botschaft‹.«

»Das hört sich langweilig an«, meinte ich. »Oder vielleicht nicht langweilig, aber altmodisch.«

»›Gute Neuigkeit‹ vielleicht?« schlug Papa vor.

»Erzähl weiter«, bat ich.

»Sie fischten am See Genezareth. Sie hatten Boote und Netze. Sie fischten die ganze Nacht, aber sie fingen nichts. Schläfst du?« fragte Papa.

»Nein«, sagte ich. Denn ich schlief nicht. Aber ich merkte, daß ich alles vor mir sehen konnte, als ich die Augen schloß.

Da kam plötzlich Jesus zum Strand hinunter, und eine Menge Leute folgten ihm.

»Predige uns von Gott«, baten sie.

Jesus stand dort am Wasserrand und wurde naß an den Füßen.

»Drängt nicht so!« sagte Jesus.

»Lauter!« rief jemand. »Wir hören nichts!«

Da hatte Jesus eine Idee.

»Du«, sagte er zu Petrus, »darf ich mir eine kleine Weile dein Boot leihen?«

»Sicherlich kannst du das«, antwortete Petrus. »Wir fangen ja doch keine Fische.«

»Nee«, sagte Jesus. »Kannst du mir helfen und das Boot ein wenig hinausrudern? Ich möchte darin stehen und predigen.«

»Fall nur nicht um«, warnte Petrus.

Und so stand Jesus im Boot und predigte.

»Schläfst du«, fragte Papa wieder.

»Nee«, sagte ich. »Mach weiter.« Ich wollte noch hinzufügen: Nun reise ich, tschüß so lange! Aber ich sagte nichts. Man braucht Erwachsenen nicht alles zu erzählen.

Plötzlich saß ich am Strand und sah Jesus, wie er im Boot stand und redete. Er hatte eine sympathische Stimme. Ich kümmerte mich nicht so viel um das, was er sagte. Er sprach über Gott, das hörte ich. Daß Gott gut ist. Aber das wußte ich schon. Dann ruderte Simon wieder an den Strand, und Jesus sagte: »Schluß für heute!« Und dann gingen alle nach Hause. Aber ich nicht, ich saß noch da. Und Simon, Andreas, Jakob und Johannes auch nicht. Die mußten ja an ihre Boote denken.

»Habt ihr nichts gefangen?« fragte Jesus.

»Nein, kein bißchen«, sagten die Fischer traurig. »Wirklich nicht ein bißchen!«

»Werft die Netze im Tiefen aus!« sagte Jesus plötzlich.

Da sah ich, daß sie sich gegenseitig ansahen und den Kopf schüttelten. Simon sagte, was sie alle miteinander dachten.

»Was hilft es? Wir haben es die ganze Nacht lang überall versucht. Und wir haben nichts gefangen.«

»Versucht es noch einmal«, sagte Jesus, »im Tiefen.«

Jetzt hörte er sich wieder wie ein Lehrer an, dem man einfach gehorchen mußte.

Also versuchten sie es im Tiefen. Sie hatten die Boote schon auf den Strand gezogen, und nun galt es, sie wieder zum See hinunterzuwuchten. Dann ruderten sie hinaus und nahmen Kurs auf die tiefsten Stellen im See. Jesus stand noch an Land. Ich wagte mich zu ihm hin.

»Hallo«, sagte ich.

»Hallo«, sagte er.

»Glaubst du, daß sie etwas fangen?« fragte ich, um etwas zu sagen.

»Na klar«, meinte er. »Mein Vater hat es ja gesagt.«

»Kannst du Ihn jederzeit hören?« fragte ich.

»Fast«, sagte er. »Wenn Er es will.«

»Nur fast?«

»Ja«, antwortete Jesus. »Manchmal findet Er, daß ich allein zurechtkommen kann.«

»Wie damals in der Wüste, nicht?«

»Genau«, sagte Jesus. »Da war Er auch bei mir. Aber Er wollte, daß ich dort allein zurechtkommen sollte.«

»Klappte es gut?« fragte ich.

Jesus nickte nur.

»Was ist eigentlich passiert, als du in der Wüste warst?« fragte ich. »Hast du gesehen, daß ich dir gefolgt bin?«

»Ich sah es«, sagte Jesus. »Ich habe dich nach Hause geschickt. Denn es ist nicht gut für kleine Jungen, so lange in der Wüste zu sein.«

»Das hat die Schlange auch gesagt.«

Da sah ich, daß Jesus wütend wurde. Nein, nicht auf mich, sondern auf die Schlange.

»Das ist das Schlimmste an der Schlange«, sagte er. »Sie ist voller Lüge und Bosheit. Aber sie ist so listig, daß sie manchmal die Wahrheit sagt. Um uns hereinzulegen, damit wir glauben, daß alles wahr ist, was sie sagt.«

»Hast du die Schlange in der Wüste getroffen?« fragte ich.

»Deshalb bin ich ja so weit hinausgegangen«, sagte Jesus. »Wir mußten uns treffen, sie und ich, bevor ich mit dem anfange, was ich machen soll.«

»Was ist es, was du machen sollst?« fragte ich neugierig.

»Das weiß nur Gott«, antwortete Jesus.

Die Boote waren jetzt dort angelangt, wohin sie rudern sollten. Und die Netze waren schon eingeholt. Schon von weitem sah ich, daß sie voller Fische waren.

Vorsichtig, damit die Boote nicht kenterten, ruderten die Fischer an den Strand.

# 34. Dann ist man auf einmal Jünger

Als sie mit den Booten näher kamen, sah ich, welch enorme Mengen Fische sie gefangen hatten. Zuerst hatten sie die Boote halb vollgeladen, so viel sie wagten, um nicht zu sinken. Dann bugsierten sie die Netze ganz nah ans Land. Die Netze waren immer noch vollgestopft mit Fischen. Schließlich sprangen die Männer ins Wasser. Sie schoben die Boote, schleppten die Netze hinter sich her und brachten so alles an Land.

Noch nie in meinem Leben hatte ich so viele Fische auf einmal gesehen! Und auch sie schienen so etwas noch nicht gesehen zu haben, denn sie sahen sehr erschrocken aus. Derjenige, der Simon hieß, ging zu Jesus. Dann fiel er auf die Knie.

»Das ist zuviel!« sagte er. »Viel zuviel! Verlaß mich, Herr, denn ich bin ein Sünder.«

»Das bedeutet, daß du mir jetzt folgst«, sagte Jesus. »Ab jetzt wirst du Menschen fangen.«

»Aber das kann ich doch gar nicht«, wandte Simon ein.

»Ich werde dir helfen«, sagte Jesus. »Folge mir, so werde ich es dir beibringen. Das gilt auch für euch«, rief er Andreas, Jakob und Johannes zu. »Folgt uns!«

»Sind sie jetzt Jünger?« flüsterte ich Jesus zu.

»Genau«, sagte Jesus. »Das gilt auch für dich. Folge mir einfach!«

»Darf ich das denn?« fragte ich. »Ich werde auch bald acht«, sagte ich dann, damit er nicht glaubte, daß ich zu klein sei.

»Na klar kannst du mit«, sagte Jesus. »Kinder gehören zu Gott, so einfach ist das!«

»Ich muß nur rechtzeitig zum Abendessen kommen«, murmelte ich.

»Das wird schon klappen«, sagte Jesus.

Und so gingen wir dann. Simon, Andreas, Jakob, Johannes und ich. Und Jesus natürlich. Sie verließen einfach die Boote. Am Strand standen einige Kerle und glotzten.

»Wollt ihr euch nicht um den Fisch kümmern?« fragte einer.

»Ihr bekommt ihn«, sagte Simon zu ihnen.

»Dürfen wir wirklich?« fragten die Männer. »Alles?«

»Wir sind anderweitig beschäftigt«, sagte Andreas. »Nehmt nur!«

»Die Boote auch!« fügte Jakob hinzu.

»Und die Netze!« sagte Johannes.

Die Kerle schüttelten den Kopf. »Die sind verrückt«, brummten sie. Aber nicht sehr laut, denn sie wollten nicht, daß Simon und die anderen es sich anders überlegten. Aber die sahen wirklich nicht so aus, als wollten sie es sich anders überlegen!

Ich habe nie jemanden sich so freuen sehen wie diese Männer. Auf jeden Fall keine Erwachsenen. Es war wie bei Kindern am ersten Frühlingstag auf dem Weg in den Vergnügungspark. Sie sprangen fast und hüpften vor Eifer!

Manchmal wird man so durch Jesus. Ich auch.

»Jetzt müßt ihr euch feinmachen«, sagte Jesus. »Wir sind auf eine Hochzeit eingeladen, drüben in Kana.«

»Es ist ein ganzes Stück bis dorthin«, sagte Simon zögernd.

»Das schaffen wir schon«, sagte Jesus. »Wenn ihr mir folgt, dann müßt ihr noch ein ganzes Stück gehen.«

»Du kannst auf meinen Schultern sitzen«, sagte Johannes zu mir. »Wenigstens ab und zu.«


»Schläfst du?« fragte Papa.

»Nein«, sagte ich. »Ich meine, ich weiß nicht. Vielleicht habe ich doch eine Weile geschlafen?«

»Jetzt gehen wir nach Hause«, sagte Papa. »Wir fangen ja doch keinen Fisch.«

»Wir hätten die Angel im Tiefen auswerfen sollen«, sagte ich.

Papa lachte. »Du hast anscheinend gut zugehört, als ich erzählt habe«, sagte er. »Jetzt freue ich mich auf das Abendessen! Du kannst auf meinen Schultern sitzen.«

Das tat ich dann auch bis zum Bus.

# 35. Die Hochzeit in Kana

Mama hatte das Essen schon fertig, als wir nach Hause kamen. Fischstäbchen, na ja. Es wäre besser gewesen, wenn wir selbst etwas gefangen hätten, aber es mußte auch so gehen.

Es war Montag. Montags ist jedesmal Gottesdienst in der Adolf-Friedrich-Kirche, abends um 19.00 Uhr. Manchmal gehe ich hin. Heute tat ich es. Zuerst gab es ein Lied, danach Gerede und nochmals Gerede, und dann wieder ein Lied, dann noch mehr Gerede und dazwischen ein kleines Lied, und *dann* bekam man Brot und Wein. Das finde ich gut. Allerdings ist immer etwas zuviel Gerede vorab. Brot und Wein könnte man auch sofort bekommen, finde ich. Es waren recht viele Leute da, so daß wir zunächst keinen Platz fanden, als wir nach vorne zu dem runden Geländer kamen, wo man auf die Knie fällt. Statt dessen mußten wir nebenan auf Stühlen sitzen und warten. Ich lehnte mich leicht an Mama, sie saß neben mir. Da hörte ich Flüstern und Tuscheln, und jemand sagte zu Mama, daß der Wein ausgegangen sei, oder so ähnlich. Und als ich aufschaute, da war ich wieder ganz woanders.

Es war ein ziemlich großer Raum. Ein niedriger Tisch stand mitten auf dem Boden, und lauter Menschen waren drum herum versammelt. Wir lagen auf Kissen, anstatt zu sitzen. Auf dem Tisch gab es in Massen zu essen, Wein ebenfalls. Und ich glaube, auch Sprudel für Kinder. An einem Ende lag ein Paar, das sehr zufrieden aussah. Sie waren am besten angezogen. Ich sah sofort, daß es Braut und Bräutigam waren. Aber Mama war nicht mehr Mama, sie war Maria. Sie war ungefähr genauso alt wie Mama.

»Hallo, Johannes«, sagte sie. »Bist du auch hier?«

»Ja«, antwortete ich fröhlich, »Jesus hat mich eingeladen.«

»Das hat er richtig gemacht«, sagte sie nur.

Im übrigen sah ich jetzt, daß auch Jesus, Simon, Andreas, Jakob und Johannes hier waren. Und eine Menge anderer, die ich nicht kannte.

Ein Mann stand über Maria gebeugt und flüsterte ihr etwas

zu. »Das ist verdammt peinlich«, raunte er. »Es sind viel mehr Gäste gekommen, als wir glaubten, und der Bräutigam wollte niemanden rausschmeißen. Aber der Wein ist schon alle, und das Fest hat gerade erst begonnen.«

»Was können wir dagegen tun?« fragte Maria.

»Du kannst doch mit Jesus sprechen. Er kann das sicher in Ordnung bringen.«

Maria nickte. »Ich werde mit ihm sprechen.« Sie wandte sich zu ihm. »Jesus«, sagte sie. »Sie haben keinen Wein mehr.«

Jesus sah auf. »Jetzt nicht, Mutter«, sagte er.

»Sie haben keinen Wein mehr«, wiederholte Maria. Mehr sagte sie nicht. Doch, denn sie rief zwei Diener und sagte ihnen, daß sie genau das machen müßten, was Jesus ihnen sagte. Sie nickten.

Jesus erhob sich vom Tisch, und ich schlich ihm nach, um zu sehen, was geschah. Er nahm die Diener mit in die Ecke, wo die sechs großen Tonkrüge standen. Ja, sie waren riesengroß, genauso groß wie ich.

»Füllt die mit Wasser«, sagte er.

»Wie bitte?« fragten die Diener verwundert, »mit Wasser?«

»Mit Wasser«, sagte Jesus bestimmt, »bis zum Rand.«

Da gingen die Diener mit kleineren Krügen zum Brunnen draußen auf dem Hof, und sie kamen wieder herein und schütteten das Wasser in die großen Krüge, bis sie fast voll waren. Sie mußten viele Male gehen, und einen Teil des Wassers verschütteten sie aus Versehen auf dem Boden. Der Kellermeister, der für das Fest verantwortlich war, kam her und schaute nach, was da vor sich ging.

»Bitte sehr, probiere«, sagte Jesus und zeigte auf die Krüge. Der Kellermeister nahm ein Glas und tauchte es in einen Krug. Der Inhalt war ganz rot, wie Wein. Dann probierte er und sah unheimlich erstaunt aus.

»Dies hier ist der beste Wein, den ich je getrunken habe«, sagte er. »Warum haben wir den so lange aufbewahrt? Man soll doch mit dem besten Wein anfangen, wenn die Leute noch merken, was sie trinken!«

»Hallo, Jungs, hierher!« rief er allen seinen Dienern zu, die

angelaufen kamen. »Hier gibt es Wein in Massen! Beeilt euch, die Gläser nachzufüllen!«

Er wußte nicht, daß es gewöhnliches Wasser gewesen war, das Jesus zu Wein gemacht hatte.

Ich aber prüfte das, was sie beim Tragen verschüttet hatten.

Es war immer noch Wasser.


## 36. Wie man Wasser zu Wein macht

Ich hatte den besten Platz auf dieser Hochzeit, zumindest fand ich das selbst. An meiner einen Seite lag Maria. Sie kenne ich ja schon von früher. An meiner anderen Seite lag Jesus. Ihn kenne ich ja auch schon von früher.

»Wie hast du das eigentlich gemacht?« fragte ich Jesus.

»Das hast du doch gesehen«, sagte er und lachte herausfordernd. »Ich bat die Diener, Wasser in die sechs großen Krüge zu schütten.«

»Ja, aber was hast du getan, daß daraus Wein wurde?« beharrte ich.

»Nichts«, sagte er. »Das hat Gott gemacht.«

»Ja, aber wie konntest du wissen, daß daraus Wein werden würde?«

»Das wußte ich nicht, aber ich nahm es an. Ich sagte zu meinem Vater . . .«

Eigentlich soll man Erwachsene nicht unterbrechen, wenn sie reden. Aber mir fiel gerade eine Sache ein.

»Wo du es gerade sagst, wo ist Josef?« fragte ich.

»Er ist tot«, sagte Jesus und sah einen Augenblick lang traurig aus. Dann fuhr er fort: »Also, ich sagte zu meinem Vater Gott genau dasselbe, was Maria zu mir gesagt hat. ›Sie haben keinen Wein mehr.‹ Nur das. Da sagte Er, daß ich die Diener bitten solle, Wasser in die Krüge zu schütten, und das machte ich dann.«

»Und wenn Er nichts gesagt hätte?«

»Dann hätten wir natürlich ohne Wein auskommen müssen. Ich tue einfach nur, was Er sagt.«

»Aber wenn du es trotzdem versucht hättest?« beharrte ich.

»Hätte es was genützt?«

»Ich versuche es nicht«, sagte Jesus. Und er sagte es auf so eine Art, daß ich merkte, daß es sich nicht lohnte, weiter zu quengeln. Ich überlegte. Eigentlich recht einfach, Wasser zu Wein zu machen! Man brauchte Gott nur Bescheid zu sagen, daß Wein gebraucht wurde. Und dann sagt Er, was man machen soll. Und dann wird es Wein, wenn Er will. Einfach, nicht?

Aber über eins wunderte ich mich, obwohl ich mich nicht traute, Jesus zu fragen. Statt dessen fragte ich Maria.

»Jesus wollte zuerst keinen Wein machen. Ich habe es gehört. Warum wollte er nicht, was meinst du?«

»Ich weiß nicht«, sagte Maria. »Du mußt ihn schon selbst fragen.«

»Warum wolltest du zuerst nicht?« fragte ich Jesus.

»Hast du die Geschichte von Jona gehört?« fragte Jesus.

»Ich erinnere mich nicht«, sagte ich. »Vielleicht, aber erzähl sie noch einmal.«

»Jona war einer, der erst nicht wollte, als Gott ihn als Werkzeug benutzen wollte«, sagte Jesus. »Er versuchte, sich davonzumachen. Aber es ging nicht. Mein Vater Josef hat mir oft von Jona erzählt, als ich klein war. Manchmal war es auch Maria, die erzählte. Ich liebe es, diese Geschichte zu hören. Mutter«, sagte Jesus und lehnte sich zu Maria hinüber. »Kannst du nicht Johannes und uns die ganze Geschichte von Jona noch einmal erzählen?«

Zuerst zögerte Maria etwas. Doch dann setzte sie sich aufrecht an den Tisch. »Das kann ich tun«, sagte sie.

Und so erzählte Maria der ganzen Hochzeitsgesellschaft die Geschichte von Jona.

## 37. Über einen Propheten, der Jona hieß

Jona, Amittais Sohn, hatte überhaupt keine Lust, Prophet zu werden. Er lebte in Israel, ganz nahe bei Jafo an der Küste. Dort gefiel es ihm, und dort wollte er bleiben.

Aber Gott wollte es anders.

»Jona«, sagte Gott, »du sollst nach Ninive reisen und mein Prophet sein. Du sollst den Leuten verkünden, daß ihre Sünden meinen Zorn geweckt haben.«

Danach sagte Gott nichts mehr.

»Ja, aber das kann ich doch nicht«, sagte Jona. »Du mußt verstehen, Herr, daß es andere gibt, die für diesen heiklen Auftrag viel besser geeignet sind. Ich meine, Du weißt schon, Herr, wie sie in Ninive leben. In Saus und Braus mit Messerstechereien. Sie rauben und raffen die ganze Zeit.«

Aber Gott schwieg.

»Also ich meine«, fuhr Jona fort, »Du solltest einen Stärkeren schicken, einen Klügeren. Ich bin richtig dumm! Weißt Du das nicht, Herr?«

Aber Gott schwieg weiter.

»Sie werden mir etwas antun!« jaulte er. »Das ist gefährlich! Ich will nicht!«

Aber Gott hatte das Seine gesagt, und mehr hatte Er nicht hinzuzufügen. Also schwieg Er. Es war sicher wahr, daß Jona recht dumm war, denn nach einer Weile dachte er, daß Gott vielleicht alles vergessen hatte. Oder es sich anders überlegt hatte, weil Er nicht quengelte.

Ich haue ab! dachte Jona.

»Als ob es möglich wäre, vor Gott abzuhauen!« rief ich und kicherte.

»Nein, selbst wenn du dir eine Wohnung ganz weit draußen auf dem Meer bauen würdest, Gott ist auch dort«, sagte Maria.

Aber das begriff Jona nicht. Er packte seinen kleinen Koffer und fuhr in die Hafenstadt Jafo hinunter. Dort fand er ein Schiff, das nach Tarsis wollte. Das paßte gut, fand er. Das war weit weg von Ninive, und das war die Hauptsache, fand er.

Noch am selben Abend segelte Jona von Jafo ab. Er ging in seine Kabine und legte sich sofort in seine Koje, denn er war unheimlich müde. Das wird man, wenn man versucht, sich von Gott wegzuschleichen. Ganz unten im Boot lag er und schlief. Da fing es an, auf dem Meer zu stürmen, ein schrecklicher Sturm, der schlimmste, den die Matrosen je erlebt hatten.

»Das ist kein gewöhnlicher Sturm«, sagte einer von ihnen voller Angst.

»Nein«, sagte sein Freund, »das muß ein Gott sein, der wütend ist auf einen von uns.«

»Es gibt doch wohl nur einen Gott«, sagte ich, »seinen Vater.« Und dabei zeigte ich auf Jesus.

»So ist es«, bestätigte Maria. »Aber das wissen nicht alle. Das war gerade eines der Dinge, von denen Jona in Ninive predigen sollte. Daß es nur seinen Vater gibt.«

Und sie nickte ebenfalls in Jesu Richtung.

»Wie ging es weiter?«

»Das ganze Schiff war kurz davor zu sinken. Es wurde von Welle zu Welle geworfen. Manchmal flog es ein Stück durch die Luft, manchmal wurde es vom Wasser überspült, so daß niemand glaubte, daß es jemals ankommen würde. Aber Gott hatte etwas anderes vor.«

»Hatte Jona da Angst?«

»Das Komische war, daß er einfach schlief. Ich verstehe nicht, wie man bei einem solchen Sturm schlafen kann«, meinte Maria, »und die Matrosen verstanden es auch nicht.«

»Gott hatte damit doch etwas vor«, sagte Jesus.

»Tja, ich weiß nicht«, sagte Maria. »Auf jeden Fall weckten die Matrosen Jona, und er wankte auf Deck und bekam direkt eine kalte Dusche ins Gesicht und über den ganzen Körper, so daß er richtig aufwachte.«

»Was ist los?« fragte er.

»Wir gehen unter!« rief der Kapitän. »Ein Gott ist wütend auf uns und will nun das ganze Schiff versenken! Vielleicht ist es dein Gott? Wir haben zu unseren Göttern gebetet, und es hat nichts geholfen. Bete zu deinem Gott, wenn Er es ist, der den Sturm gemacht hat!«

114

»Sicher ist Er es«, sagte Jona ruhig. »Denn Er ist der Herr, der sowohl das Meer als auch das Land gemacht hat, und einen anderen Gott gibt es nicht.«

»Darüber können wir später diskutieren!« brüllte der Kapitän. »Bete jetzt zu Ihm!«

»Das hilft nicht«, sagte Jona. »Denn gerade auf mich ist Er zornig. Ich sollte in Ninive sein Prophet sein, und statt dessen habe ich mich mit diesem Schiff davongemacht.«

»Das war schlecht!« rief der Kapitän. »Denn jetzt müssen wir deinetwegen alle sterben.«

»Vielleicht doch nicht«, sagte Jona langsam.

»Sprich lauter!« schrie der Kapitän, denn es wehte so stark, daß sie sich anschreien mußten, um sich überhaupt zu hören.

»Werft mich in die See!« schrie Jona. »Dann beruhigt sich Gott vielleicht. Ich meine, es ist besser, daß einer stirbt, als daß alle sterben!«

»Wahrlich«, sagte Jesus.

»Es fällt mir schwer, einen so gesunden Kerl in die See zu werfen«, sagte der Kapitän, »aber ich glaube, du hast recht. Helft mir!« rief er ein paar Matrosen zu. Und dann hievten sie Jona über Bord.

Sofort wurde das Meer ruhig. Jona schwamm ein Stück weit vom Schiff entfernt. Er schaute sogar zu den Matrosen hinauf und winkte! Im selben Augenblick tauchte ein riesengroßer Fisch auf und verschlang Jona mit Haut und Haar. Schwupp! sagte es, und da war Jona im Bauch des Fisches verschwunden.

Dann tauchte der Fisch wieder unter und verschwand.


## 38. Wie es in einem Fisch ist


Jetzt sterbe ich, dachte Jona. Aber das tat er nicht. Doch irgendwie ist es wohl eine Art Tod, wenn man so von einem Fisch verschluckt wird. Tief unten im Bauch des Fisches saß er. Es stank schrecklich. Verrotteter Fisch und alter Tang und alles, was sonst noch in einem Fischmagen stinken kann. Und eng war es! Er saß mit bis zum Kinn hochgezogenen Knien. Rund herum spürte er den Bauch des Fisches. Und er konnte nicht herauskommen.

»Wie ein Baby«, sagte ich.

»Genau«, sagte Maria. »Ein großes Baby, das war der Prophet Jona!«

Wie ein ängstliches oder hungriges Baby schreit, so schrie auch Jona zu Gott. Hilf mir raus, bat er.

»Das stimmt so nicht!« sagte Jesus.

»Du hast die Geschichte so viele Male gehört, daß du sie besser kannst als ich«, sagte Maria. »Erzähl du!« Aber sie war nicht beleidigt.

»Josef hat immer gesagt, daß Jona die Psalmen König Davids aufsagte. Die, die davon handeln, daß Gott hilft. Es gibt Psalmen darüber, daß man ins Meer geworfen wird und später lebend wieder herauskommt. Ich glaube, daß Gott den Menschen diese Psalmen gegeben hat, damit Jona sie jetzt beten konnte«, sagte Jesus.

»Da war es ja gut, daß er sie konnte«, sagte Maria. »Das ist es, was ich schon immer gesagt habe. Die Schriften muß man auswendig können. Man weiß nie, ob man eine Buchrolle zur Hand hat, wenn man sie am dringendsten braucht.«

»Ja, aber wie ging es aus?« fragte ich. »Kam er heraus?«

»Nicht so eilig«, sagte Maria und lachte. »Drei Tage lang mußte er in dem Fisch sitzen. Drei Tage lang bat er den Herrn, daß er wieder hinauf zum Tempel kommen dürfe.«

»Du, Maria«, sagte ich, »erinnerst du dich? Drei Tage lang liefst du auch mit Josef herum. Ihr suchtet Jesus, und dann war er im Tempel.«

»Ja, du«, sagte Maria. »Es ist nicht immer leicht gewesen, seine Mutter zu sein.« Sie strich Jesus über den Arm. »Du hast recht, Johannes, es war für Josef und mich wie in einem Totenreich, in der Stadt herumzulaufen, zu suchen und den Jungen nicht zu finden.«

»Ihr hättet diesen Psalm beten sollen«, sagte ich, »darüber, daß man hinauf zum Tempel kommt.«

»Im nachhinein ist das leicht gesagt«, sagte Maria. »In so einem Fall denken wir wohl eher an unser Kind als an Gott, fürchte ich.«

»Das sollte man nicht«, meinte ich.

Jesus lachte. »Du hast recht«, sagte er, »aber das ist leicht gesagt. Erzähl nun weiter, Maria. Obwohl ich weiß, wie es ausgeht, möchte ich es trotzdem hören.«

»Am dritten Tag«, sagte Maria, brach ab und ließ einen Schluck Wein die Kehle hinunterlaufen.

»Am dritten Tage auferstanden von den Toten«, fiel mir ein. Denn das sagt man immer in der Kirche. Von Jesus.

Am dritten Tage fing der Fisch an, sich schlecht zu fühlen. Es war wohl auch nicht sehr bequem für ihn, Jona im Magen zu haben. Immer heftiger krampfte sich der Magen zusammen, bis Jona herauskam.

»Ein bißchen so, wie es war, als ich dich bekam«, sagte Maria zu Jesus.

Mit dem Unterschied, daß Jona aus dem Maul des Fisches kam. Plopp! So flog er heraus und lag strampelnd im Wasser. Es war ganz nahe am Land, so daß er nur einige Schwimmzüge machen mußte, dann konnte er an Land gehen.

»Bist du dir sicher, daß es ein Fisch war, der ihn verschluckt hatte?« fragte ich. »Kann es nicht eine Seeschlange gewesen sein? Oder die Schlange selbst?«

»Du stellst ja vielleicht Fragen!« sagte Maria. »Ich habe von einem Fisch gehört.«

»Darüber habe ich auch nachgedacht«, meinte Jesus. »Ob es Leviathan, die große Seeschlange, gewesen ist. Die, die über das ungestüme Wasser herrscht.«

Das hörte sich klug, aber unheimlich an.

»Er wollte dich auf jeden Fall nicht behalten«, sagte ich zu Jesus. »Ich meine, daß er *Jona* auf jeden Fall nicht behalten wollte.«

»Nein, Gott wollte etwas anderes«, sagte Jesus.

# 39. Über einen Rizinusbusch – und dann wieder nach Hause

»War das das Ende?« fragte ich.

»Nicht ganz«, sagte Maria. »Eigentlich überhaupt nicht. Denn danach fuhr Jona nach Ninive. Jetzt hatte er keine Angst mehr. Jetzt wußte er, daß es Gott ist, der bestimmt. Und er wurde Prophet, genau wie er es sein sollte. Die Leute in Ninive glaubten ihm, jeder einzelne.«

»Vierzig Tage habt ihr noch zu leben«, warnte Jona sie. »Dann wird eure Stadt von Gott niedergebrannt, denn es gibt nur Sünde und Elend in ihr.«

»Aber wir wollen uns bessern!« riefen die Leute erschrocken.

»Das hilft nichts«, sagte Jona.

»Hatte das Gott zu ihm gesagt?« fragte ich erstaunt.

»Nein, das hatte er selbst erfunden«, sagte Maria.

»Dürfen Propheten denn selbst etwas erfinden?« fragte ich.

»Nein«, antwortete Jesus. »Aber manchmal tun sie es trotzdem.«

»Die Leute besserten sich auf jeden Fall«, fuhr Maria fort. »Sie baten Gott um Verzeihung und begannen, freundlich zueinander zu werden, und hörten damit auf, sich gegenseitig hereinzulegen, totzuschlagen und fremde Götter anzubeten. Und Gott war natürlich sehr froh darüber. Er will eigentlich nichts zerstören. Also sagte Er zu Jona, als die Zeit um war, daß Er die Stadt verschonen würde. Da wurde Jona wütend. »Du legst einen nur herein«, sagte er zu Gott. »Zuerst bringst Du mich dazu, daß ich sage, die ganze Stadt werde zerstört, und dann änderst Du Deine Meinung. Was wird aus mir? Wie stehe ich denn jetzt da vor den anderen? Es wäre besser, wenn ich stürbe!«

»Wie dumm er war!« rief ich.

»Das scheint so«, sagte Maria. »Aber überlege selbst! Wenn Gott einen Menschen benutzt, wie Er Jona benutzt hat, dann nimmt Er ihn ganz. Jona war einfach ganz Gottes Wort. Gott hatte gesagt: ›Sag, daß die Stadt brennen wird!‹ Und der ganze

Jona hatte gesagt: ›Die Stadt wird brennen!‹ Bis in die Zehen hinein war Gottes Ordnung in ihm gewesen. Als Gott nun die Stadt verschonte, da war es, als ob es Jona nicht länger gegeben hätte. Er selbst war ja sozusagen nur das, was er sagen sollte.«

Aber ich fand noch immer, daß es sich dumm anhörte.

»Konnte er denn nicht das neue Wort werden, das Gott da sagte? Daß alle gerettet waren?«

»Nein, das konnte er nicht«, sagte Jesus. »Dazu war die Zeit noch nicht reif.«

»Ist die Zeit jetzt reif?« fragte ich. »Bist du es, der das Neue sagen soll?«

»Ich sage dasselbe wie meine Mutter«, sagte Jesus. »Du stellst vielleicht Fragen!«

Es hörte sich nicht böse an. Vielleicht etwas traurig.

»Dann schwieg Gott wieder«, sagte Maria. »Als Jona nicht länger etwas von Gott zu berichten hatte, begann er wieder, über sich selbst nachzudenken. Und da wurde er wieder dumm. Das finde ich wenigstens. Denn da dachte er: Jetzt habe ich Gott etwas zu denken gegeben! Vielleicht brennt Er die Stadt doch nieder, meinetwegen!«

»Wie gemein!« rief ich.

Maria nickte nur.

»Als die vierzig Tage um waren, begab sich Jona auf einen Berg in der Nähe von Ninive, setzte sich dort hin und wartete. Die Sonne brannte unheimlich heiß, aber er blieb sitzen. Er hatte sich dort ein kleines Haus gebaut, eine Bude eher. Aber die lag so, daß er die Sonne auf dem Kopf hatte, wo immer er auch saß.«

»Konnte er sich nicht in den Schatten des Hauses legen und statt des Kopfes die Füße in der Sonne haben?« fragte ich. »Man muß nur erfinderisch sein!«

»Daran hatte er nicht gedacht«, sagte Maria. »Oder vielleicht hatte er auch Angst, daß die Stadt zu brennen anfing, ohne daß er es sah. Ich glaube, er dachte, daß die heiße Sonne wie ein unaufhaltsames Feuer die Stadt in Brand setzen würde. Aber schließlich wurde es Abend, und die Stadt stand immer noch, weißer und schöner denn je. In der Nacht zuckte Jona hin und wieder etwas zusammen und rieb sich die Augen. Denn oft hörte er etwas, was wie Prasseln klang. Aber es war nicht die Stadt, die brannte, denn die lag still und dunkel am Fuß des Berges.«

»Was hatte er denn gehört?«

»Das sah er am nächsten Morgen. Gott hatte über Nacht einen Rizinusbusch wachsen lassen, direkt neben Jonas Haus. Und nun hatte er Schatten. Da wurde er froh. Denn jetzt war er sich sicher, daß Gott es sich anders überlegt hatte und die Stadt anzünden wollte. Warum sollte Er Jona sonst einen so guten Schattenspender geben?«

Den ganzen nächsten Tag lang passierte nichts. Aber in der Nacht hörte man ein noch deutlicheres Prasseln, und am nächsten Morgen sah Jona, was er prasseln gehört hatte. Würmer hatten den ganzen Busch aufgefressen. Da wurde es Jona zuviel. Er schrie Gott an: »Töte mich lieber, als so was mit mir zu machen! Die Sonne brennt schlimmer denn je, und der Wüstenwind weht heute zehnmal schlimmer. Warum, Herr, hast Du mir meinen Rizinusbusch genommen?«

Da antwortete Gott: »*Deinen* Rizinusbusch? Hast du ihn gepflanzt? Hast du ihn begossen? Hast du ihn wachsen lassen? Du meinst also, es ist *dein* Busch?«

»Du magst recht haben«, sagte Jona da. »Trotzdem bin ich so traurig, daß ich wegen des Busches sterben möchte.«

»Schau hinunter«, sagte Gott. »Das liegt Ninive. Es ist eine große Stadt mit über 120 000 Menschen. Sie haben es genauso schwer, zwischen Recht und Unrecht zu unterscheiden wie ein Kind zwischen rechts und links. Und von all den Tieren gar nicht zu sprechen, die es dort gibt! Glaubst du etwa nicht, daß ich wegen der Stadt genauso traurig würde, daß ich sterben möchte, wenn sie zerstört würde?« fragte Gott.

»Genau so einer ist Er!« sagte Jesus. »Genau so einer ist mein Vater!«

»Schluß!« sagte Maria.

»Jetzt könnten wir noch etwas Wein vertragen«, sagte der Bräutigam. Und die Diener füllten die Gläser.

»Du darfst ein bißchen von mir probieren«, sagte Jesus, »einen Schluck.«

Der Wein war süß und gut.

»Christi Blut für dich vergossen«, sagte Göran. Denn er war es, der den Montagsgottesdienst an diesem Abend hielt.

Ich tat, wie Großmutter gesagt hatte. Ich dachte keine Spur darüber nach, wie es möglich war, so zu reisen. Ich ging und setzte mich einfach neben die anderen in die Bank.

Danach gingen wir nach Hause und guckten Fernsehen.


## 40. Über dumme Feste

Jetzt muß ich etwas Trauriges und Blödes berichten. Es fing damit an, daß Papa im Herbst 40 wurde. Er hat am 15. Oktober Geburtstag. Sonst feiert er meistens nicht besonders, aber diesmal sollte es ein großes Fest geben. Es war derselbe Herbst, in dem ich in die zweite Klasse kam. Wir hatten dieselbe Lehrerin wie im Jahr zuvor, und ich saß immer noch neben Michael. Später, im selben Herbst, bekam ich die Masern.

Da war also dieses Fest. Es fing damit an, daß meine Eltern wie verrückt aufräumten und wir nirgendwo sein durften. Und dann hatten sie eine Menge zu essen und zu trinken gekauft. Schließlich kamen unheimlich viele Leute. Wir bekamen Eis und Weintrauben und Fleisch, das Großmutter zubereitet hatte, und das war sehr lecker. Doch Großmutter ging schon recht bald, und da wurde es langweilig. Die Leute redeten immer lauter und tranken eine Menge Wein und lachten albern. Dann sollte Mama tanzen, obwohl sie schon ganz schön viel getrunken hatte. Sie tanzt meistens für sich allein, wenn sie was getrunken hat und Eindruck machen will. Als ich zur Toilette ging, sah ich, wie Mama im Flur einen anderen küßte. Sie lachten nur, als ich kam.

»Das ist nichts Schlimmes«, sagte Papa, denn er war auch dabei.

Das begreife einer! Es ist nur so, daß ich es nicht gut finde, wenn Leute sich lächerlich machen. Insbesondere, wenn sich herausstellt, daß es meine Eltern sind. Und im übrigen finde ich es etwas gefährlich, wenn Erwachsene zu viel getrunken haben. Dann werden sie wie Kinder, auf die man aufpassen muß. Das ist blöd. Also saß ich in einer Sofaecke im Wohnzimmer und beobachtete sie. Obwohl ich lieber mich hingelegt hätte.

»Du bist ja ein kleiner Zechbruder, Johannes!« sagte der, den Mama im Flur geküßt hatte. Und dann lachten er und Mama. Ich schaute sie an, streng und ernst.

»Du siehst müde aus«, sagte Mama. »Willst du nicht gehen und dich hinlegen?«

»Nein«, sagte ich. Denn ich fand, daß ein besonnener Mensch gebraucht wurde, der wach war.

Dann vergaßen sie mich. Ich holte mir Weintrauben aufs Sofa. So saß ich da in der Ecke und aß, damit ich etwas zu tun hatte, denn eigentlich war ich satt.

Dann reiste ich plötzlich. Es war immer noch ein Fest, aber viel feiner als bei uns zu Hause. Unser altes Sofa, das voller Hundehaare ist und schon in der Bondegatan und in Oskarshamn stand, als wir dort wohnten, war plötzlich ein sehr feines Sofa mit reichen Schnitzereien und weichen Kissen aus Seide und Samt. Sie flogen nicht immer auf den Boden wie die Kissen vom Hundehaarsofa. Kurzum, es war viel besser. Auch der Raum war größer, fast wie im Theater. Es gab Marmorsäulen und ein hohes Dach. Überall hingen Vorhänge in Rot, Blau und Gelb mit großen Quasten. Und in den Wänden steckten brennende Fackeln. Anstelle von Tischen lagen dicke Teppiche auf dem Boden, und darauf waren enorme Massen Essen gedeckt, alles mögliche. Und Unmengen von Wein und Früchten. Die Sofas hatten eigentlich keine Beine. Man aß direkt vom Boden.

Viele Leute waren da. Alle waren fein angezogen, so wie früher, als alle Kleider wie Laken aussahen. Alle schienen betrunken und albern zu sein wie auf Papas Fest oder noch schlimmer. Ein dummer Kerl erhob gerade seinen Weinkrug und goß Wein mitten auf das Kleid eines Mädchens genau in den Ausschnitt. Dann wollte er ihn wieder auflecken, sagte er. Und sie schrie nur, und beide lachten miteinander und schienen das furchtbar lustig zu finden. Ich wäre unheimlich sauer geworden!

Keiner sah mich und kümmerte sich um mich. Ich saß in meiner Sofaecke und naschte von meinen Trauben, checkte die Lage und hörte zu. Ich begriff bald, daß es König Herodes war, der seinen Geburtstag feierte. (Ein anderer Herodes als der, der die Kinder in Bethlehem totgeschlagen hatte.) Er saß ganz in meiner Nähe, groß und fett, und sah fröhlich aus. Er sah recht nett aus, dumm, aber nett. Wie ein großes Baby, das die ganze Zeit über Wein trank.

Da hörte ich jemanden »Johannes« sagen, und ich spitzte natürlich die Ohren. Aber ich verstand bald, daß es sich nicht um mich handelte, sondern um den Täufer, meinen alten Freund mit den Heuschrecken.

»Ist es nicht bald Zeit, daß du Johannes köpfen läßt?« fragte ein finsterer Kerl den König. Da reckte Herodes sich. Er sah plötzlich ernst aus.

»Den will ich nicht auf dem Gewissen haben«, sagte er langsam. »Absolut nicht! Johannes der Täufer ist ein Mann Gottes, den ich sehr zu schätzen weiß.«

Der andere lachte hämisch. »Trotzdem hast du ihn ins Gefängnis geworfen!« sagte er herausfordernd.

»Das ist nicht so schlimm«, sagte Herodes. »Ich halte ihn nur in Gewahrsam. Zu seinem eigenen Besten. Er weiß, daß ich ihn schätze und daß es für ihn nicht gefährlich ist.«

Neben Herodes räkelte sich eine Frau, die seine Ehefrau sein mußte. Sie war schön, aber ziemlich alt. Sie sah nicht freundlich aus. Jetzt legte sie einen ihrer nackten Arme, die mit vielen Goldreifen bedeckt waren, um Herodes' Hals.

Aha, so eine, dachte ich und lehnte mich zurück ins Sofa, obwohl sie ihren Arm nicht um meinen Hals gelegt hatte. Nach Parfüm stank sie auch, das roch man bis hierher!

»Du bist ein komischer Mann«, sagte sie zu Herodes und kraulte ihm den Bart. »Der Prophet Johannes hat die schändlichsten Sachen über dich und mich gesagt. Er gönnt uns nicht einmal, daß wir uns lieben. Aber dir macht das ja nichts!«

»Aber das tat er doch deswegen, weil du mit meinem Bruder verheiratet warst«, gab Herodes zu bedenken. »Auf seine Art hat er recht. Das Gesetz läßt es nicht zu, daß wir verheiratet sind.«

»Das Gesetz«, schnaufte die Königin und zog den Arm weg, so daß die Ringe klimperten. »Bist du nicht das Gesetz?«

»Nicht das Gesetz des Mose«, brummte Herodes.

»Du kümmerst dich natürlich mehr um diesen lausigen Johannes als um mich!« schnauzte die Königin. »Er bedeutet dir wohl mehr! Und du willst ein Mann sein! Und dazu noch *mein* Mann!«

»Schweig, Frau!« rief Herodes und schluckte.

Ich hatte sogar etwas Mitleid mit Herodes. Er mochte den Täufer, das merkte man. Aber er mochte auch seine Frau. Und das paßte nicht zusammen. Es ist wohl nicht so leicht, erwachsen zu sein. Herodes sah traurig aus. Da erhob er sich plötzlich.

»Musik!« rief er. »Tanz und Musik! Wir wollen jetzt fröhlich sein!«

Ich merkte, daß er betrunken, aber gleichzeitig traurig war, obwohl er es nicht zeigen wollte.


# 41. Der Tanz


Sofort begannen einige Männer zu spielen. Sie hatten Flöten und Harfen und ein Instrument, das an eine Trompete erinnerte, und einige andere, die ich noch nie gesehen hatte. Es klang altmodisch. Drei junge Mädchen begannen sofort zu tanzen, umarmten sich und schwenkten ihre Schleier. Recht schön, aber etwas langweilig. Das fand Herodes sicher auch, denn nach einer Weile brach er den Tanz ab. Er schlug mit seinem Weinkrug mehrere Male auf den Marmorboden, so daß der Wein verschüttet wurde. Ich dachte, der Krug geht kaputt. Da hörten die Mädchen auf zu tanzen.

»Salome!« rief Herodes, und jetzt sah er fröhlich aus. »Ich möchte meine Nichte Salome tanzen sehen! Wo ist Salome?«

Ein junges Mädchen kam zu Herodes. Sie konnte nicht älter als 17 oder 18 sein. Ich zuckte zusammen, denn sie war ihrer Mutter unheimlich ähnlich, nur viel jünger. Langsam, als ob sie ihn ärgern wollte, ging sie zu Herodes hin. Er strahlte über das ganze Gesicht.

»Willst du für mich tanzen?« fragte Herodes.

»Ich weiß nicht«, sagte Salome und lächelte. »Ich bin recht müde.«

»Liebe Salome«, bat Herodes, »tanze für deinen alten Onkel!«

Dann schaute er etwas ängstlich zur Königin hinüber, aber sie lachte nur und nickte.

»Ich weiß nicht«, sagte Salome wieder und warf den Kopf mädchenhaft in den Nacken. »Was bekomme ich dafür?«

»Was du willst«, sagte Herodes, ohne nachzudenken. »Was du willst! So sehr mag ich dich, wenn du tanzt!«

»Kann ich dir auch vertrauen?« fragte Salome.

»So wahr ich König bin!« rief da Herodes. »Ich werde dir nichts abschlagen, wenn du für mich tanzt!«

Salome neigte leicht den Kopf und ging in die Mitte des Raumes.

»Musik!« rief Herodes, und die Männer begannen wieder zu spielen. Aber diese Musik war anders. Wilder als zu Beginn. Doch sie fingen sehr leise an. Die Musik hörte sich an, als würden Raubtiere schleichen. Salome tanzte genau nach der Musik. Zuerst stand sie einfach nur in der Mitte. Alle sahen sie an, aber sie selbst blickte niemanden an. Sie wartete, bis die Musik immer lauter wurde. Nur ganz leicht bewegte sie sich zur Musik. Es war, als ob die Töne aus ihrem Körper kämen und nicht von denen, die spielten. Dann fing sie an, immer wilder zu tanzen, und die Musik wurde immer schneller. Ich habe mich nie besonders fürs Tanzen interessiert. Eigentlich fand ich immer, daß es eher etwas Blödes und Überflüssiges ist. Aber ich merkte, daß auch ich gezwungen war, ihr die ganze Zeit mit den Augen zu folgen. Und daß ich mich ebenfalls mit im Rhythmus der Musik bewegte, wie ich dort im Sofa saß. Alles war etwas unheimlich.

Nein, dachte ich, sie wird mich nicht zwingen hinzuschauen! Also beobachtete ich statt dessen die anderen. Zuerst Herodes. Er sah ganz glücklich aus. Wenn es sich nicht so komisch an-

hörte, würde ich sagen, er sah aus wie die Hirten, als sie auf das Jesuskind in der Krippe blickten. Es strahlte nur so um ihn herum. Aber etwas Besonderes war Salome wohl nicht, auch wenn sie gut tanzte!

Dann sah ich die Königin an, und da bekam ich Angst. Auch sie bewegte sich im Takt, aber wie eine Schlange. Ich blickte in ihre Augen. Es waren zwei schwarze, funkelnde Schlangenaugen. Daß jemand, der so böse aussieht, so schön sein kann, dachte ich.

Ich mußte nachschauen, ob Salome Schlangenaugen hatte. Aber die hatte sie nicht! Sie tanzte nur. Immer schneller, mit dem ganzen Körper. Es war, als ob es auf der ganzen Welt nichts anderes als diesen Tanz gäbe. Das erschreckte mich ebenfalls. So wichtig ist es doch wohl nicht, daß man tanzt, auch wenn man es gut macht!

Im Laufe der Zeit wurde Salome immer wilder, ohne daß sie müde zu werden schien. Diejenigen, die spielten, hatten große Schweißperlen auf der Stirn, aber Salome wirkte noch ganz frisch. Da verstummte plötzlich die Musik, und Salome sank auf dem Boden zusammen, und ihr schwarzes Haar fiel wie ein Schleier über den Marmor. Einen Augenblick lang lag sie ganz still. Wie eine schöne, kleine Skulptur, die da ruhig immer weiter liegenbleiben konnte. Dann erhob sie sich sanft und verneigte sich. Es war, als ob sie erwacht wäre. Jetzt erst sah man, daß auch sie geschwitzt hatte und daß sie tief atmete. Alle applaudierten wie verrückt. Sie wollten nicht aufhören, nicht bevor Salome selbst eine Bewegung mit der Hand gemacht hatte, die alle verstummen ließ.

»Danke, Salome«, sagte Herodes. Er sah völlig fertig aus, als ob er selbst getanzt hätte. »Danke Salome, es war wunderbar! Was willst du als Belohnung haben?«

Jetzt sah Salome wie ein kleines Mädchen aus. Entzückend, etwas schüchtern. Ihre Mutter ging zu ihr hin. Sie flüsterte etwas in Salomes Ohr. Salome sah erst erstaunt aus, dann kicherte sie entzückt.

»Sag schon«, forderte Herodes sie auf, »was möchtest du haben, mein Mädchen?«

127

»Ich möchte«, sagte Salome und hörte sich jetzt wie ein trotziges Mädchen an. »Ich möchte . . . den Kopf Johannes des Täufers auf einem Tablett haben.«

Und dann lachte sie ein schrilles Mädchengelächter.

Herodes sah ganz verstört aus. Auf einmal schien er auch überhaupt nicht mehr besonders betrunken zu sein.

»Stehen Schmuck und schöne Kleider einem schönen Mädchen nicht viel besser?« versuchte er sie abzulenken.

»Auf einem Silbertablett, jetzt sofort!« forderte Salome.

»Königswort«, sagte die Königin höhnisch. »Jetzt werden wir sehen, was das Wort des Königs wert ist.«

»Wache«, sagte Herodes ziemlich leise. »Ich will den Kopf Johannes des Täufers auf einem Silbertablett hierher haben. Jetzt sofort!« schrie er den beiden Soldaten hinterher, als sie verschwanden.

Ich weinte. Denn ich mochte den Täufer ja. Außerdem war mir ganz unheimlich, weil ich doch wußte, daß auch Herodes ihn mochte und ihn trotzdem töten lassen wollte. Hat ein König nicht mehr Macht? Ich wollte nicht sehen, wie sie mit dem Silbertablett kamen, deshalb vergrub ich meinen Kopf in die Kissen und weinte.

»Nein, schau mal hoch, Johannes!« rief Mama. »Geht es dir nicht gut? Hast du Fieber? Er fühlt sich heiß an«, sagte sie zu Papa.

Dann trugen sie mich ins Bett. Die Gäste waren inzwischen gegangen. Aber ich war nicht krank. Erst mehrere Wochen später bekam ich die Masern.


# 42. Fischburger

Adolf-Friedrich-Grundschule heißt meine Schule. Sie liegt an der Dalagatan, direkt gegenüber vom Sabbatsberg-Krankenhaus und schräg gegenüber von Eastmans, wo man seine Zähne regulieren lassen kann, wenn man vorstehende Zähne hat.

Meine Schwestern sind dorthin gegangen, weil sie die gleichen Kaninchenzähne haben wie Papa. Er ist ebenfalls dahin gegangen, als er klein war. Aber ich habe die gleichen Zähne wie Mama, also brauche ich nicht dorthin.

Direkt neben meiner Schule, gegenüber von Eastmans, haben sie den Mann auf dem Dach gefilmt. Jedes Mal, wenn ich von der Dalagatan zur Odengatan gehe, sehe ich den Balkon, wo Carl Gustav Lindstedt erschossen lag. Das war ein toller Film! Ein Hubschrauber, der mitten auf den Odenplatz stürzte, und ein Mann, der auf dem Dach lag und schoß. Aber das gehört nicht hierher. Ich hatte trotzdem Lust, es zu erzählen. Dagegen gehört zur Geschichte, daß es an einem Donnerstag Anfang November in der Mittagspause Leberkäse mit Preiselbeeren gab. Es war übrigens der 11. November. Ich erinnere mich daran, denn es geschah ein paar Tage nach meinem Geburtstag, an dem ich acht wurde. Ich habe am 9. November Geburtstag.

Ich kann Leberkäse nicht ausstehen. Und ich hatte etwas Geld zum Geburtstag bekommen. Deshalb fand ich, daß ich es mir leisten konnte, einmal irgendwo essen zu gehen. Es gibt ein Hamburger-Restaurant am Odenplatz. Dorthin ging ich. Zuerst in der Dalagatan am Haus mit dem Mann auf dem Dach vorbei. Dann rechts um die Ecke auf den Odenplatz, und dann war ich da. Es ist leicht zu finden, aber dort ist viel Verkehr, so daß man aufpassen muß. Gott sei dank bin ich es gewohnt.

Ich mag Hamburger gern, aber manchmal wird man sie leid. Nun sah ich, daß sie auch etwas hatten, was Fischburger hieß, und das nahm ich zur Abwechslung. Und dazu bestellte ich Sprudel. Dann setzte ich mich ans Fenster. Da kam ein Junge in meinem Alter. Er hatte ebenfalls einen Fischburger, komisch. Sonst mögen Kinder meistens Fisch nicht besonders. Ich wohl. Am liebsten mit viel Essig dazu. Gebratener Hering mit Essig ist lecker. Das hat mir Großvater beigebracht. Der Junge schaute mich etwas fragend an.

»Ist es okay, wenn ich mich hier hinsetze?« fragte er.

»Natürlich«, sagte ich.

»Magst du auch Fisch?« fragte er.

»Zur Abwechslung, ja«, sagte ich.

»Angelst du auch?« fragte er.

»Ich fange selten etwas«, antwortete ich.

Dann konnte ich es mir nicht verkneifen, von damals zu erzählen, als ich klein war und wir auf dem Lande waren und Papa und ich zum Angeln gingen. Papa fing einen großen Hecht. Er lag auf der Brücke und schnappte nach Luft. Ich hatte Mitleid mit ihm. Er sah so durstig aus. Da dachte ich, daß ich ihn ja wenigstens mal mit dem Maul ins Wasser tauchen könnte, damit es ihm etwas besser ging, bevor er starb. Aber als ich sein Maul ins Wasser hielt, da zappelte er so mit dem ganzen Körper, daß ich ihn fallen ließ. Da schwamm er davon. Er war der einzige Hecht, den wir an diesem Tag gefangen hatten.

Der Junge lachte. Ich merkte, daß wir Freunde werden konnten.

»Der Hecht war wenigstens zufrieden«, sagte er.

Dann erzählte er etwas darüber, wie man am besten angelt. Wann man eine lange oder eine kurze Schnur haben muß, welches Wetter am besten ist und so was.

»Hast du Lust, im Sommer mitzukommen und es auszuprobieren?« fragte er.

Ich hatte natürlich Lust. Da fiel mir ein, daß ich nicht einmal wußte, wie er hieß.

»Wie heißt du?« fragte ich.

»Ismael«, sagte er. »Und wie heißt du?«

»Johannes«, sagte ich.

»Beides biblische Namen«, sagte er. »Weißt du, wer in der Bibel Ismael war?« Das wußte ich tatsächlich.

»Er war Abrahams Sohn mit dem Dienstmädchen Hagar, dem jungen Mädchen, das aus Ägypten stammte«, sagte ich. »Aber dann wurde sie weggeschickt. Und sie wurde ebenfalls Mutter, als Abraham Isaak von seiner richtigen Frau bekam.«

»Sarah«, sagte Ismael, um zu zeigen, daß er es auch wußte. »Ich mag diese alten Geschichten«, sagte Ismael.

»Ich auch«, sagte ich.

Wir waren mit dem Essen fertig. Obwohl Ismael nicht alles schaffte, so daß er den Rest seines Fischburgers in eine Serviette einwickelte und in die Tasche steckte.

»Kann man vielleicht später noch gebrauchen«, sagte er und lachte. »Man kann nie wissen.«

Ohne daß jemand von uns das vorher geplant hatte, leisteten wir uns noch bis zur Odengatan Gesellschaft. Wir gingen in den Wasapark. Es regnete ein wenig, aber es war noch recht schön. Ich hatte noch eine halbe Stunde Zeit, bevor die Schule wieder anfing. Deswegen konnten wir noch in aller Ruhe im Park umherlaufen.

»Sieh mal!« rief Ismael plötzlich. »Wie viele Leute da hinten stehen! Du wirst sehen. Es ist Jesus, der dort predigt.«

Ein lustiger Typ, dachte ich. Jesus im Wasapark! Das ist ja einer, der so denkt, wie sonst nur ich denke. Schön, jemanden wie mich gefunden zu haben!

Es war wirklich Jesus, der dort predigte.

# 43. Die Wasaparkpredigt

Wir waren alle beide gereist! Wir standen nicht länger im Wasapark, sondern statt dessen mitten in einer großen Ebene, irgendwo im Heiligen Land, mit einem See, der etwas weiter weg lag, ungefähr da, wo der St. Eriksplatz gelegen haben müßte. Auf einer Erhebung in dieser Ebene stand Jesus.

»Kannst du auch reisen?« fragte ich Ismael.

»Man sollte nicht allzuviel fragen«, sagte er. »Sonst klappt es nicht. Komm lieber mit!«

»Selig die, die traurig sind!« rief Jesus. »Sie werden getröstet werden.«

Die ganze Volksmenge, mehrere tausend Menschen, wiederholte überglücklich, was er gerufen hatte: »Selig die, die traurig sind. Sie werden getröstet werden!«

»Selig die, die Frieden stiften!« rief Jesus. »Sie werden ›Gottes Söhne‹ genannt.«

»Selig die, die Frieden stiften!« kam das Echo von allen. »Sie werden ›Gottes Söhne‹ genannt!«

»Gottes Söhne, sind das nicht die Engel?« flüsterte ich Ismael zu. Er nickte nur.

»Selig die, die verfolgt werden, weil sie das tun, was recht ist!« rief Jesus. »Der Himmel gehört ihnen!«

Ich dachte an Johannes den Täufer und war seinetwegen nicht mehr so traurig.

Jesus predigte und rief. Die Volksmenge wankte irgendwie. Es war ein bißchen so, wie es war, als Salome getanzt hatte. Alle hatten sich da mitbewegt. Aber hier war es viel fröhlicher und echter. Ich erinnere mich nicht mehr genau daran, was Jesus gesagt hat. Aber es blieb trotzdem irgendwie hängen. Ja, er sagte: »Ich bin das Licht der Welt.« Da merkte ich, daß eigentlich ich gemeint war. Übrigens beschloß ich in diesem Augenblick, meine Reisen aufzuschreiben und zu erzählen.

»Eine Stadt auf einem Berg kann sich nicht verstecken«, sagte er. »Sie liegt dort und leuchtet.«

Wir waren praktisch wie eine ganze Stadt, die leuchtete, als er redete. Über ganz Stockholm hin leuchteten wir aus dem Wasapark. Obwohl wir eigentlich nicht im Wasapark waren. Es war ein herrliches Gefühl. Da wir so viele waren, konnten wir gut leuchten.

Er redete lange. Ich merkte, daß ich wieder hungrig wurde. Es waren sicher mehrere, die hungrig waren, denn Petrus, ja, ich erkannte ihn wieder, kam zu Jesus hin und flüsterte ihm etwas zu, als er einen Moment seine Stimme schonte. Ismael und ich standen ganz nahe dabei, so daß wir es hören konnten.

»Sie sind hungrig«, sagte Petrus.

»Werdet ihr gehen und Essen für sie kaufen?« fragte Jesus und sah pfiffig aus.

»Du bist wohl wahnsinnig«, sagte Petrus, »das sind mindestens 5000! So viel Geld haben wir nicht!«

»Was meinst du, was wir machen sollen?« fragte Jesus.

»Ich weiß nicht«, sagte Petrus und sah unglücklich aus.

Da stieß Ismael Jesus plötzlich in den Rücken und sagte: »Ich weiß! Nimm das hier!« Und er fischte seinen Fischburger aus der Tasche, zog die Serviette ab und gab Jesus das plattgedrückte Brot mit dem Fisch.

»Genau das, was ich brauche«, sagte Jesus. »Fünf Gerstenbrote und zwei Fische.«

»Einen Fischburger«, murmelte ich.

Aber da sah ich, daß es fünf kleine Brote und zwei Fische waren, die Jesus in der Hand hielt.

»Wir sind jetzt hier«, flüsterte Ismael. »Und hier sind es eben fünf Gerstenbrote und zwei Fische. So steht es geschrieben.«

»Ach ja«, sagte ich nur und kam mir dumm vor. Ich dachte: Muß es denn genauso sein? Aber ich sagte nichts.


## 44. Alle wurden satt, ich auch

Jesus sagte den Leuten, daß sie sich ins Gras setzen sollten. Also taten sie es. Dann hielt er das Brot und die Fische vor sich hin, sah zum Himmel auf und dankte Gott für das Essen. In diesem Augenblick sah er aus wie Göran in der Kirche, wenn er das Brot für das Abendmahl in die Hand nimmt, bevor man kommen und essen darf. Papa macht das nicht. Er weiß nicht, wozu das gut sein soll, sagt er.

»Nun könnt ihr austeilen«, sagte Jesus. Die Jünger blickten wie Schafe drein. Über 5000 Menschen saßen im Gras und warteten darauf, etwas zu essen zu bekommen. Jesus hatte fünf Brote und zwei Fische. Die Jünger sollten das an alle austeilen. Aber, wie ich schon gesagt habe, keiner widerspricht Jesus gern. Also gingen sie nach vorne, einer nach dem anderen, alle zwölf. Ja, denn er hatte inzwischen zwölf Jünger zusammenbekommen. Jesus stand mit dem Rücken zu mir, so daß ich nicht sehen konnte, wie es vor sich ging, aber alle bekamen etwas mit. Dann gingen sie unter das Volk. Sie gingen von Mensch zu Mensch und legten jedem ein Stück Brot und etwas Fisch in die Hände. Bald hörte man nur noch ein einziges zufriedenes Kauen.

Das hört sich wahnsinnig an, wenn man es erzählt. Ich meine, daß das Essen eigentlich nicht reichen konnte. Das sagt ja schon der gesunde Menschenverstand. Aber es reichte! Das merkte

ich selbst, denn genau wie es geschrieben steht, kam Petrus, den ich noch von früher kannte. Ich streckte die Hand aus, wie man es in der Kirche tut, wenn man das Brot bekommt. Er legte ein großes Stück Brot und ein genauso großes Stück Fisch hinein. Ich aß, bis ich satt war. Es blieb sogar noch etwas übrig, was ich nicht schaffte. Ich wußte nicht, was ich damit machen sollte. Es erschien mir falsch, es wegzuwerfen. Eigentlich soll man ja kein Essen wegwerfen. (Wenn es nicht gerade Leberkäse ist, denn der ist abscheulich!)

Alle hatten jetzt etwas bekommen. Da sagte Jesus wieder etwas zu seinen Jüngern, und daraufhin holten sie zwölf Körbe hervor, ungefähr so groß wie Mamas Wäschekorb. Der reicht gerade für ihre Wäsche und ist leicht zu tragen. Sie nahmen die Körbe und gingen los und sammelten die Reste ein. Es waren anscheinend mehrere, die es nicht geschafft hatten, alles aufzuessen. Denn alle zwölf Körbe wurden voll. Wo sie schließlich gelandet sind, weiß ich nicht. Etwas war allerdings betrüblich: Ismael war plötzlich verschwunden. Ich dachte mir, es sei das beste, zur Schule zurückzugehen. Aber wie sollte ich nur aus dem Heiligen Land dorthin finden? Aber da kam Petrus auf mich zu.

»Möchtest du Boot mit uns fahren?« fragte er. »Wir wollen über den See Genezareth rudern. Es ist noch Platz für dich.«

Genezareth war anscheinend der See da hinten am St. Eriksplatz.

»Schaffe ich das noch?« fragte ich. »Ich muß um 12.50 Uhr wieder zurück in der Schule sein.«

»Das schaffst du noch«, sagte Petrus beruhigend, »das verspreche ich dir.«

Ich dachte nicht mehr daran, daß ich von der Schule und Stockholm sprach. Das macht sicher nichts, daß man Stockholm und das Heilige Land durcheinanderwirft. Beides scheint irgendwie zusammenzugehören. Ich merkte das mehr und mehr. Also gingen wir zum See hinunter.

»Wo ist Jesus?« fragte ich.

»Er kommt später«, antwortete Andreas. (Er ist der Bruder von Petrus). »Er will eine Weile seine Ruhe haben.«

135

Diesmal machte es mir nichts aus, daß er seine Ruhe haben wollte. Ich hatte ja die Jünger bei mir.

Die Bootsfahrt versprach lustig zu werden.


# 45. Ein zwielichtiger Typ

Aber nach einer Weile fragte ich mich, ob Petrus recht haben konnte, daß ich rechtzeitig zur Schule zurückkäme. Der See war größer, als er aus der Entfernung ausgesehen hatte. Wir sollten anscheinend mit einem Ruderboot quer hinüberrudern. Es war ein großes, bauchiges Boot, und die Jünger schufteten an den Rudern. Wir hatten alle Platz. Die zwölf ruderten. Ich durfte auf dem Boden zwischen ihnen sitzen.

»Habt ihr daran gedacht, daß wir 13 im Boot sind?« fragte ich. »Hoffentlich bringt das kein Unglück!«

»Warum sollte es?« fragte Petrus und lachte. »Wir sind oft 13, wir zwölf und Jesus. Übrigens«, sagte er, »die meisten von uns kennst du wohl noch nicht. Das ist Johannes Larsson«, sagte er zu den anderen und zeigte auf mich.

Dann berichtete er, wie die anderen Jünger hießen. Mein Blick blieb an Judas haften, denn nun erinnerte ich mich. Seinetwegen wurde die 13 zur Unglückszahl. Er sollte der Verräter werden, der den Hohenpriestern half, Jesus zu kreuzigen. Ich fror, obwohl es noch mitten am Tage und ziemlich heiß war. Dann betrachtete ich ihn heimlich. Ich begann inzwischen, recht geübt darin zu werden, Schlangenmenschen zu erkennen, wenn ich mal angeben darf. Man sieht es an den Augen. Die sind auf irgendeine Weise kalt bei Leuten, die der Schlange gehorchen. Aber Judas hatte keine kalten Augen. Sie waren freundlich, etwas traurig vielleicht. Da fror ich wieder. Ich fand es nicht gut, daß ich wußte, was geschehen würde.

Aber ich vergaß es plötzlich. Ich war einfach mit zwölf ungewöhnlich netten Kerlen draußen auf dem See, die mich hatten mitkommen lassen. Uns war gemeinsam, daß wir einen tollen, manchmal etwas sonderbaren Freund hatten, der Jesus hieß. Wir hatten uns entschlossen, ihm nachzufolgen. Denn davon wurde man froh. Das spürten wir alle, glaube ich. Im übrigen glaube ich es nicht nur. Denn wir sprachen alle darüber, und die Jünger sagten dasselbe.

Einer hatte beim Zoll gearbeitet. Matthäus hieß er. Obwohl er manchmal »Levi« genannt wurde. Er erzählte lachend, wie er mit Jesus bekanntgeworden war.

»Ich war ein recht zwielichtiger Typ«, sagte er.

»Das bist du wohl noch immer«, sagte der, der Thomas hieß. Und alle lachten, am meisten Matthäus selbst.

»Ja«, sagte Matthäus. »Aber damals war ich noch schlimmer. Da wollte ich den Leuten ständig das Geld abschwindeln. Jetzt will ich es nur noch manchmal, und auch das geht vorüber. Man hat keine Zeit zum Schwindeln, wenn man mit Jesus zusammen ist.«

»Man verliert auch die Lust dazu, finde ich«, sagte Judas. »Wenn man weiß, daß er niemals lügt oder betrügt, dann ist es schwer, davon nicht angesteckt zu werden.«

»Genau«, sagten die anderen.

»Aber wie bist du Jünger geworden?« fragte ich. »Das solltest du berichten!«

»Ich hatte eine kleine Zollstation am Stadttor«, begann Matthäus. »Dort saß ich und nahm Zoll. Viel mehr als ich sollte. In freien Stunden zählte ich mein Geld.«

»Hast du viel zusammenbekommen?« fragte Philippus.

»Mehr als genug«, sagte Matthäus. »Aber je mehr ich zusammenbekam, desto mehr wollte ich haben.«

»Das ist wie eine Droge«, sagte Judas.

Matthäus erzählte weiter: »Eines Tages hörte ich, daß eine Menge Leute auf der Straße herumliefen. Es waren ungewöhnlich viele. Ich ging natürlich hinaus und sah nach. Die Leute drängten sich auf der Straße. ›Was ist los?‹ fragte ich. ›Er kommt‹, sagte jemand. ›Wer denn?‹ fragte ich. ›Der Prophet‹, sagte der, den ich gefragt hatte. ›Er, Justus von Nazareth, oder wie er heißt.‹ ›Nie gehört‹, sagte ich. ›Ist er gut?‹ ›Manche sagen das‹, sagte der Mann. ›Manche sagen, daß er unheimlich gut ist.

137

Fast wie Mose und Elia.‹ ›Das ist sicher etwas übertrieben‹, sagte ich. Aber neugierig wurde ich trotzdem. Ich bekam Lust, mir diesen Kerl, der kam, etwas näher anzusehen.«

Die anderen lachten. Sie hatten die Geschichte sicher schon oft gehört. Trotzdem merkte man, daß sie es gut fanden, sie wieder zu hören.

»Was hast du getan?« fragte Andreas.

»Nichts«, sagte Matthäus. »Jesus ging direkt zu mir hin. ›Matthäus‹, sagte er, ›ich werde dich heute zu Hause besuchen.‹ Und das tat er dann. Da war ich geschnappt!«

»Warum bist du ihm gefolgt?« fragte ich.

»Er hat mich darum gebeten«, sagte Matthäus und sah nachdenklich aus.

»Und das ganze Geld?« fragte ich.

»Diese runden Scheibchen«, sagte Matthäus und lachte. »Was sollte ich denn mit denen? Es war doch dumm gewesen, sie zu sammeln, wenn ich doch etwas Besseres tun konnte!«

Nein, dachte ich. Ich schaffe es ja doch nicht, nach der Mittagspause noch zur Schule zu kommen! Ich kann froh sein, wenn ich es zum Schlafen nach Hause schaffe. Denn es hatte schon zu dämmern begonnen, und der Wind hatte zugenommen. Er blies recht kräftig, und die Jünger schufteten an den Rudern, so sehr sie konnten. Und noch immer war es weit bis zum anderen Ufer.

Zuerst überlegte ich, ob sich Mama und Papa wohl Sorgen machten. Dann fragte ich mich, ob ich mir nicht selbst Sorgen machen müßte. Aber schließlich fand ich, daß davon doch wohl nichts besser würde, daß ich Angst hatte.

Also kauerte ich mich auf den Boden des Bootes und schlief ein.

# 46. Der Gang über das Wasser

Ich wachte davon auf, daß das Wasser mir ins Gesicht spritzte. Ich fror. Es war jetzt fast ganz dunkel, und es stürmte richtig stark. Der Mond schien, so daß man sah, wie die Wellen sich gegenseitig jagten. Die Jünger hatten alle Mühe, aufzupassen, daß die Wellen das Boot nicht umkippten und es versenkten.

»Es ist wie beim letztenmal«, sagte Petrus. »Da schlief er. Und jetzt ist er noch nicht einmal hier!«

»Was ist da passiert?« fragte ich.

»Wir waren ebenfalls draußen auf dem See Genezareth. Auch damals blies ein Sturm. Jesus schlief im Boot, obwohl wir nahe davor waren zu sinken. Schließlich mußten wir ihn wecken.«

»Was hat er da gemacht?«

»Ich glaube, er wurde böse, weil wir ihn geweckt hatten. Er hatte den ganzen Tag gepredigt und war wohl müde. Aber wir waren wirklich kurz davor zu sinken!«

»Begriff er das denn nicht?«

»Ich kann mir keinen Reim auf ihn machen«, sagte Petrus. »Er fuhr mich nur an. Und dann geschah etwas Merkwürdiges. Er fuhr auch den Sturm an. ›Hör auf zu blasen!‹ schrie er. Und augenblicklich wurde es völlig still.«

»War er da selbst erstaunt?« fragte ich.

»Ich glaube nicht«, sagte Petrus. »Er legte sich nur hin und schlief weiter.«

»Ich wünschte, er wäre hier«, sagte Judas. »Denn diesmal werden wir sinken, wenn er uns nicht hilft!«

»Seht doch!« rief ich und zeigte über das Wasser. In der Ferne im Mondschein sah man etwas auf den Wellen. Es war etwas Graues, das auf uns zu kam.

»Ein Gespenst«, schrien die Jünger voller Angst.

Ich fand sie dumm. Ich glaube nicht an Gespenster.

»Das ist doch er!« rief Andreas. »Er geht auf dem Wasser!«

»Dann brauchen wir nicht zu sinken!« sagte ich. »Das ist ja gut.«

»Ja, aber er *geht* auf dem Wasser!« stammelten die Jünger.

»Ja, wie sollte er denn sonst zu uns kommen?« fragte ich. »Ihr habt doch gesagt, ihr hättet kein Boot mehr.«

»Dein Glaube ist groß«, sagte Petrus zu mir.

Da schämte ich mich ein bißchen. Denn ich hatte Großmutter die Geschichte, wie Jesus auf dem Wasser ging, mehrmals erzählen hören. Ich war also darauf vorbereitet. Sie wußten nicht, daß er das konnte. Aber ich fand, daß sie es sich beinahe hätten ausrechnen können.

Wie auch immer, es war recht schön, zu sehen, wie er im Mondschein auf uns zu kam, quer über die Wasseroberfläche. Irgendwie sah es ziemlich imponierend aus. Ich glaube sogar, daß er dabei pfiff, obwohl ich mir nicht sicher bin, denn auch der Wind pfiff sehr laut.

Als er näher kam, rief er seinen Jüngern zu: »Immer mit der Ruhe, Jungs, ich bin es nur!«

Ja, denn sie stotterten immer noch etwas von Gespenstern und riefen durcheinander und waren ganz außer sich.

»Bist du es wirklich, Jesus?« fragte Petrus.

»Das siehst du doch«, antwortete Jesus.

»Wenn du es bist, dann befiehl mir, daß ich zu dir über das Wasser komme!«

Das war recht frech von Petrus, fand ich. Daß Jesus auf dem Wasser gehen konnte, war ja schon fast natürlich. Ich meine, wenn man wie er schon von Anfang an dabeigewesen ist und das Wasser erschaffen hat, dann kann man wohl auch darübergehen, wenn man Lust hat. Aber Petrus, ein ganz gewöhnlicher Zeitgenosse, wollte es auch probieren!

»Komm«, sagte Jesus nur.

Und Petrus stieg über die Kante des Bootes und ging auf Jesus zu. Und es klappte! Auch er ging über die Wellen! Aber da blies der Wind plötzlich besonders heftig, so daß das Boot, Jesus und Petrus ordentlich auf und ab geworfen wurden. Das Boot sank aber nicht. Und auch Jesus fand schnell die Balance wieder und ging weiter. Aber Petrus bekam es mit der Angst zu tun und schrie auf.

»Hilfe, ich sinke!« schrie er, obwohl er genau sah, daß er überhaupt nicht sank. Er stand völlig fest auf dem Wasser. Aber

er glaubte, daß er sinken würde, und da sank er auch. Plopp! Augenblicklich hatten ihn die Wellen verschluckt. Es war, als wäre er auf Eis gegangen, das plötzlich gebrochen war.

Jesus streckte sofort seine Hand aus und zog ihn hoch, und dann kletterte Petrus pitschnaß wieder an Bord.

»Warum hast du nicht die ganze Zeit lang geglaubt?« fragte Jesus und lachte etwas provozierend. »Jetzt mußt du extra deshalb die Kleider wechseln.«

Dann stieg auch Jesus ins Boot. Danach war es, als hätte der Sturm gar kein Interesse mehr, zu stürmen und uns zu erschrecken. Denn er legte sich fast augenblicklich.

Und dann war es auf einmal nicht mehr weit bis zum Ufer.

Es war rabenschwarze Nacht, als wir an Land gingen. Ich versuchte, am Ufer des Sees Genezareth durch einige Büsche hindurchzukriechen. Da sah ich, daß es hinter den Büschen hell war. Taghell sogar. Und der Busch, aus dem ich kroch, lag im Wasapark in Stockholm. Und die Gustav-Wasa-Kirche schlug gerade 12.45 Uhr. Wenn ich mich beeilte, würde ich noch rechtzeitig zur ersten Stunde nach der Mittagspause kommen.

Auch heute noch finde ich, daß es stark war, als Petrus auf dem Wasser ging. Er hat es wenigstens versucht!

## 47. Die Schweine im Forsgrenschen Bad

Jetzt werde ich erzählen, wie ich die Masern bekam.

An einem Freitag Ende November wurde ich krank. Das war, als die ganze Klasse ins Forsgrensche Bad am Medborgarplatz zum Schwimmen gefahren war. Manchmal machen wir das. Aber diesmal wurde ich krank.

Wir treffen uns gewöhnlich um 8.30 Uhr vor dem Schwimmbad. Ich darf dann allein mit der U-Bahn dorthin fahren. Das ist kein Problem. Vom Alten Heumarkt geht jede mögliche U-Bahn zu den Schleusen. Dann ist es die erste Station hinter den Schleusen. Medborgarplatz.

Zuerst muß man sich ausziehen, die Jungen für sich und die Mädchen für sich. Danach wäscht man sich etwas, damit man ins Becken gehen darf. Und dann zieht man sich die Badehose an und geht schwimmen.

Die, die noch nicht schwimmen können, dürfen nur in ein kleines Becken. Wir, die es können, dürfen in das große. Das macht viel mehr Spaß.

Danach duscht man sich ab, zieht sich an und geht nach Hause. Wenn man will, dann kann man auch eine Weile in die Sauna. Aber das muß man nicht. Da ist es unheimlich warm, und man schwitzt sich fast tot. Aber ein wenig schön ist es trotzdem, und man kann ja schließlich rausgehen, wenn man will. Michael und ich sitzen da meistens nach dem Schwimmen eine Weile.

Das haben wir an diesem Freitag auch gemacht. Aber da begann ich, krank zu werden, obwohl ich es erst nicht bemerkte. Dauernd fror ich, obwohl ich in der Sauna war. Nein, ich fror nicht richtig, ich bibberte. Ich zitterte ziemlich kräftig.

Michael merkte es nicht, und ich sagte auch nichts.

»Nee«, sagte Michael nach einer kleinen Weile. »Jetzt sind wir fertig gebraten, jetzt will ich nach Hause fahren. Fährst du mit?«

Da fror ich gerade so schrecklich und schüttelte nur mit dem Kopf.

»Fahr mit, los!« sagte Michael. »Du wirst hier noch zu einem gegrillten Hähnchen!«

»Nein«, sagte ich. »Ich bleibe hier sitzen.«

»Eigene Schuld«, sagte er. »Ich fahre jetzt auf jeden Fall.«

Und so ging er. Er schien etwas beleidigt, weil ich nicht mitkam. Aber ich konnte nicht.

Aber mit einem Mal sauste es mächtig bei mir im Kopf. Im selben Augenblick kamen vier dicke Kerle herein. Sie quatschten und lachten und tranken Bier und gossen vier Kellen Wasser auf den Ofen, so daß plötzlich eine Menge heißer Wasserdampf auffuhr.

»Jetzt sterbe ich«, dachte ich. Aber es machte mir nichts aus. Es war sogar schön. Ich wollte sterben, zumindest zum Schein. Und ich schloß die Augen, und da war ich tot.

Ich war in einem Grab. Manchmal war es heiß, manchmal kalt. Es war ein Grab in einer Felsenhöhle. Es lagen noch andere Tote hier ganz in meiner Nähe. Sie lagen wie ich in kleinen, in den Fels gehauenen Nischen. Sie störten mich nicht. Wir waren alle gleich tot, also paßten wir gut zusammen.

Aber da konnte ich plötzlich einen sehen, der lebte. Er war ganz nackt und sah wild aus. Er hatte Ketten an den Händen, die er aufgebrochen hatte. Kleine Kettenstücke hingen herunter und baumelten herum. Er lief hin und her, kletterte und sprang wie ein Affe im Zoo. Aber es war kein Affe, es war ein Mensch.

Merkwürdigerweise hatte ich keine Angst vor ihm. Obwohl ich aufhörte, den Toten zu spielen. Ich fühlte mich einfach schlecht. Und er war ebenfalls nicht tot. Aber die anderen, die im Grab lagen, die waren wirklich tot.

Er lief zu mir hin und sah mir direkt ins Gesicht. Er sah ein bißchen so aus wie Johannes der Täufer. Da hatte ich noch weniger Angst. Er sah nett aus. Aber ganz wild und verzweifelt.

»Hallo«, sagte ich. »Ich heiße Johannes. Wie heißt du?«

»Legion«, sagte er. »Legion, Legiooon!« Und er fing an, immerzu »Legion, Legiooon« zu stottern, zu singen, zu schreien oder zu flüstern.

»Ein komischer Name«, sagte ich.

»Gar nicht so komisch«, sagte er. »Denn ich bin viele. Viele, viele, viele, viele, viele!«

Und dann lief er davon.

Er wird wohl zurückkommen, dachte ich und blieb weiterhin auf der Bank liegen.

Er kam tatsächlich zurück.

»Spinnst du?« fragte ich ihn.

»Viele, viele, viele, viele, viele«, sagte er und nickte und lief wieder davon.

Aha. Das stimmte wohl.

Merkwürdig, daß ich keine Angst vor ihm hatte.

Vielleicht, weil er selbst so ängstlich schrie. Ich werde immer ruhig, wenn andere Angst bekommen. Warum, weiß ich nicht.

Wegen Legion fühlte ich mich schon besser. Vor mir konnte er wohl nicht solch eine Angst haben, dachte ich. Obwohl er die

144

offenbar doch hatte. Ich kletterte aus meiner Nische, ging aus der Grotte und rief ihn.

»Legion!« rief ich. »Komm!«

Er war ganz in meiner Nähe, und als ich ihn rief, sprang er heran wie ein ängstlicher Hund und fing schrecklich an zu knurren.

Da ich ein gutes Händchen für Hunde habe, bekam ich nicht einmal Angst. Ich vermied es, ihn direkt anzublicken. Verängstigte und wütende Hunde mögen es nicht, wenn man sie anblickt. Ich setzte mich vor der Grotte hin und fing an, mit einer losen Kette zu spielen, die an dieser Stelle lag. Und dann redete ich mit mir selbst. Ich war listig! Ich dachte mir, daß er wohl zuhört, wenn ich mich nicht um ihn kümmere!

»Was für Ketten!« sagte ich zu mir selbst. »Ich frage mich, wer versucht hat, Legion zu fesseln. Aber es ging nicht. Er war zu stark, der Legion. Ihn fesselt man nicht so leicht. Und das ist gut.«

»Viele!« flüsterte eine Stimme hinter mir. »Viele, viele, viele!«

»Waren es viele, die versucht haben, dich zu fesseln?« fragte ich, ohne hinzuschauen.

»Viiiele«, jaulte er, als ob er weinte.

»Wir verstehen uns ja richtig gut«, sagte ich. »Sind das die, die jetzt in dir wohnen? Die versucht haben, dich zu fesseln?«

»Viele!« schrie er. Jetzt war er böse, aber nicht auf mich.

»Kannst du sie nicht hinausschmeißen?« fragte ich. »So daß nur du übrig bleibst. Das wäre lustig, nur dich allein zu treffen, wie du auch heißt.«

»Viiiiele«, jaulte er.

»Zu viele«, sagte ich. »Aber du, ich weiß! Jesus könnte dir helfen. Ihm gehorcht man. Er würde den ganzen Haufen wegscheuchen, das verspreche ich.«

Da bekam er wieder Angst und sprang und lief herum wie ein Verrückter. Ja, das war er wohl auch, strenggenommen. Obwohl er für einen Verrückten richtig leicht zu verstehen war, fand ich. Wenn man sich nur die Mühe machte.

Da kamen Jesus und die Jünger. Selten bin ich so froh gewesen, ihn zu sehen. Denn nun wurde er wirklich gebraucht!

Er ging direkt zu Legion. »Wie heißt du?« fragte er.

»Legion«, sagte Legion. »Viele!«

Und dann merkte ich, wie ängstlich er wurde. Er begann mit verschiedenen Stimmen zu sprechen, abwechselnd mit dumpfen und hellen und piepsigen und wütenden und bittenden.

»Hierbleiben!« sagten alle Stimmen. »Nirgends hingehen! Wir möchten hierbleiben!«

Die Jünger sahen verängstigt aus. »Böse Geister!« flüsterten sie. »Er ist besessen! Die Geister sind gefährlich.«

Ich meinte, daß sie dumm waren. So etwas kann ich wohl auch spielen, dachte ich. Papa Bär und Mama Bär und das kleine Bärenkind hören sich auch verschieden an, wenn ich spiele. *Hörten* sich verschieden an, meine ich. Als ich klein war und das spielte. Aber ich sagte nichts.

Jesus schien wütend zu sein. »Haut ab, ihr!« rief er. »Hinaus!«

»Hierbleiben!« sagten die Stimmen, und es klang wie Papa Bär und Mama Bär und das kleine Bärenkind.

In diesem Augenblick kam ein Hirte mit einer Herde Schweinen vorbei.

»Dorthin könnt ihr ziehen!« sagte Jesus und zeigte auf die Schweine. Und der Bursche begann am ganzen Körper zu zittern. Und dann spielten die Schweine plötzlich verrückt und sprangen von einem Felsen und ertranken unten in einem See. Und da war der wilde Bursche plötzlich ganz ruhig. Jetzt war er Johannes dem Täufer noch ähnlicher, denn jetzt sah er erwachsen aus.

»Hallo!« sagte er zu mir. »Danke, daß du mir Gesellschaft geleistet hast. Ich heiße ebenfalls Johannes.«

Bei einem überraschenden Gebrüll meinte ich, daß die Schweine wieder zurückkämen! Da schaute ich auf, aber es waren nur die dicken Kerle, die in der Sauna gegessen und Bier getrunken hatten. Und jetzt liefen sie alle auf einmal hinaus und lärmten angeheitert herum.

Ich ging ebenfalls hinaus. Ich hatte genug von der Sauna. Die Kerle hatten sich die Badehosen wieder angezogen. Immer noch Krach machend, rannten sie los und stürzten sich ins Becken.

Mir selbst ging es schon viel besser, meinte ich. Obwohl ich, zu Hause angekommen, erfuhr, daß ich 39,7 Grad Fieber hatte und daß es wohl die Masern wären.

Es waren die Masern.


# 48. Möchte man etwa nicht gesund werden?

Eigentlich ging es mir recht gut, als ich die Masern hatte. Das schreckliche Gefühl, krank zu sein, ging schon in der Sauna vorüber. Es sprang sozusagen mit den dicken Kerlen ins Becken. Danach hatte ich nur normal-hohes Fieber, und das kann man ja aushalten. Es war viel Schreckliches, das dort in der Sauna aus meinem Kopf verschwand. Herodes, der die Kinder totschlug. Der andere Herodes, dem Salome den Kopf von Johannes dem Täufer auf einem Silbertablett überreichte. Und die Königin mit den Schlangenaugen. Alle möglichen finsteren Gestalten, die in mir Einzug gehalten hatten. Viele, wie mein Freund im Grab gesagt hatte. Eine ganze Legion. Ja, denn Großmutter hat erzählt, eine Legion sei eine Menge Soldaten. 6000 ungefähr.

Manchmal glaube ich, daß einem solche Schlangenmenschen in den Schädel eingetrichtert werden. Es gibt sie ja sowieso, aber sie brauchen wenigstens nicht in meinem Schädel zu hausen! Und das taten sie nicht mehr, so daß ich mich eigentlich richtig gut fühlte, obwohl ich krank war.

Und jeden Tag bekam ich ein Eis, denn das ist gut gegen Fieber, sagte Großmutter. Großmutter saß jeden Tag bei mir, als ich krank war, und kümmerte sich um mich und kochte meine Lieblingsspeisen, wie zum Beispiel Kalbsbouillon mit einem Eigelb darin. Und dann erzählte sie mir alles mögliche. Sie erzählte zum Beispiel von diesem Mann am Teich Betesda. Schafsteich hieß er auch. Diesen gab es in Jerusalem, und dort lag ein Mann, der seit 38 Jahren krank war. Er lag da, und hin und wieder begann es im Wasser zu blubbern, dann war ein Engel da, der es umrührte, und derjenige, der dann als erster ins

Wasser tauchte, der wurde gesund, wie krank er auch gewesen war. Aber die, die etwas später kamen, wurden nicht einmal einen Deut gesünder. Es reichte immer nur für einen einzigen.

Und dieser Bedauernswerte schaffte es nie, rechtzeitig in den Teich zu tauchen, wenn es blubberte, denn er hatte keinen, der ihm half, und selbst war er lahm. So lag er nun da und starrte vor sich hin. Und keiner machte Kalbsbouillon für ihn. Ich wunderte mich, wie er wohl etwas zu essen bekam. Bis meine Großmutter dann erzählte, daß seine Eltern in der Nähe wohnten. Die kamen wohl hin und wieder mit etwas Eßbarem zu ihm.

Eine merkwürdige Geschichte. Ich meine, die mit dem Engel. Sicher gibt es Engel, aber daß sie sich mit so einem Unsinn abgeben! Wie in einem Wettrennen. Der erste im Teich wird gesund! Ist Gott wirklich so einer?

Großmutter glaubte es nicht. Denn als Jesus dorthinkam, da half er dem Mann nicht etwa, in den Teich zu kommen. Er sagte nur: »Willst du gesund werden?«

»Na klar«, sagte der Mann.

»Nimm dein Bett und geh nach Hause!« sagte Jesus.

Nichts davon, in den Teich zu steigen. Und da nahm er sein Bett und ging nach Hause. Aber dann fingen die Schriftgelehrten an, mit ihm zu streiten, weil er sein Bett an dem freien Tag getragen hatte, an dem man ausruhen sollte. Begriffen sie nicht, daß er für eine Weile genügend ausgeruht hatte, nachdem er hier gelegen und sich 38 Jahre lang ausgeruht hatte?

»Nein«, sagte Großmutter, »die Schriftgelehrten waren so welche. Deswegen ist Jesus auch die ganze Zeit mit ihnen in Streit geraten.«

Ich dachte, als ich so dalag, daß ich jetzt ja die Gelegenheit ergreifen könnte, ein wenig zu verreisen. Jetzt, wo ich Zeit hatte. Aber daraus wurde nichts. Es wurde praktisch überhaupt nichts mehr mit dem Reisen, bis einige Monate vergangen waren.

Da war es Frühling, und es begann wieder warm zu werden. Das war gut, denn da konnten Michael und ich uns in unserem Versteck oben im Kirchturm treffen. Im Winter war es dafür zu kalt. Obwohl wir manchmal trotzdem hinaufschlichen.

Soll ich erzählen, wie ich vom Kirchturm aus reiste?

# 49. Wie ich vom Kirchturm aus reiste

Es war ein warmer Frühlingstag, kurz vor Ostern. Bald war ich schon mit der zweiten Klasse fertig. Es geht flott mit der Schule! Ehe man sich versieht, wird man pensioniert. Obwohl ich wohl Schriftsteller werde, und da wird man nie pensioniert. Ich werde richtig aufregende Krimis schreiben, mit vielen Morden und geheimnisvollen Banden und sprechenden, abgeschlagenen Köpfen, glaube ich. (Dafür gibt es eine natürliche Erklärung. Man setzt einen kleinen Kassettenrecorder in den Mund.)

Michael und ich hatten angefangen, uns wieder in unserem Versteck zu treffen. Aber an diesem Tag war Michael mit seinen Eltern auf dem Land. Ich schlich mich allein hoch, denn ich wollte dort sitzen und mich sonnen. Ich hatte keinen Gedanken daran verschwendet zu reisen. Aber ich tat es trotzdem.

Ich schlief ein, als ich gegen den Kirchturm gelehnt saß, die ganze Stadt zu meinen Füßen. Ich wurde von einigen geweckt, die mit leisen Stimmen sprachen. Eine der Stimmen erkannte ich wieder, und ich freute mich. Es war Jesus.

Seine Stimme ist irgendwie typisch für ihn. Etwas kratzig und freundlich und mit einer Menge Ironie darin. Manchmal ist er todernst. Und manchmal ist er wütend. Auf mich ist er noch nie wütend gewesen, aber ich weiß, daß er es sein kann. Aber das macht nichts. Er ist trotzdem gut.

Die beiden anderen Stimmen erkannte ich nicht wieder. Dann hörte ich sogar Schnarchen. Als ich aufsah, merkte ich, daß es Petrus und Johannes und Jakob waren, die ganz nahe bei mir in einer Ecke lagen. Ein Glück, daß wir nicht länger oben auf dem Kirchturm waren. Wir hätten dort nicht alle Platz gehabt.

Nein, wir waren auf einem hohen Berg. Und als ich auf Jesus blickte, war ich sehr erstaunt. So hatte ich ihn nie vorher gesehen. Er leuchtete, sein ganzer Körper. Irgendwie leuchtet er ständig, aber nur dann, wenn man es sehen will und daran denkt. Sonst ist er die ganze Zeit wie ein normaler Mensch. Aber diesmal war er anders. Sowohl sein Gesicht als auch seine Kleider waren hell erleuchtet. Die beiden anderen leuchteten nur ein kleines bißchen.

Ich wollte sie nicht stören. Das wagte ich nämlich nicht. Aber ich belauschte sie. Sie sprachen davon, daß Jesus sterben sollte. Jetzt sofort sollte er mit den Jüngern vom Berg hinabsteigen und nach Jerusalem hinaufziehen, und dort sollte er sterben. Das sei notwendig, sagte er.

Ich weiß nicht, ob ich traurig wurde. Ich mag ihn so unheimlich gut leiden, aber er sagte, daß es notwendig sei. Und die beiden anderen verstanden das, als er es erklärte.

»Nur so kann die Schlange besiegt werden«, sagte er. »Ich nehme die Schlange auf mich, alles Schlangenhafte in der ganzen Welt. Und dann bringen sie mich um und glauben, daß sie gewonnen haben. Aber es kommt umgekehrt. Es ist Gott, der gewinnt, denn ich nehme alles Schlechte und Tote mit und mache es wieder lebendig, wenn ich selbst wieder lebendig werde.«

Ich glaube, irgend so etwas war es, was er sagte. Ich verstand es nicht genau. Nur, daß er recht hatte. Er mußte nämlich sterben, damit richtiges Leben entstehen konnte. Er sollte endlich alles das reparieren, was kaputtgegangen war, als Eva von der Frucht gegessen hatte.

»Ich bin der einzige, der das kann«, sagte er.

»Ja, nur du kannst das«, bestätigten die beiden anderen.

Das ist tatsächlich so.

Da erwachte Petrus. Er setzte sich auf und starrte die drei an. Dann weckte er die anderen.

»Seht«, sagte er, »wie Jesus leuchtet! Und seht ihr, wen er bei sich hat?«

»Mose und Elia!« rief Johannes und rieb sich die Augen. Obwohl ich nicht verstand, wie er sie wiedererkannte. Sie hatten doch lange vor dieser Zeit gelebt! So was kann man vielleicht nur wissen, wenn man Apostel ist?

»Ja, dann ist es wohl Zeit für uns zu gehen«, sagte Mose.

»Wir denken an dich«, sagte Elia.

Nein, das letzte habe ich nur erfunden. Sie sagten tschüß, und ich weiß nicht, was sie sonst noch sagten. Eigentlich ist es unmöglich, irgend etwas hiervon zu erzählen, denn es war wie im Himmel. Und so was kann man nicht erzählen.

»Wartet«, sagte Petrus. (Und das ist wahr, denn das sagte er.) »Wartet! Hier ist es so schön. Bleibt hier. Dann werde ich Hütten für euch bauen. Jesus bekommt eine und Mose eine und Elia eine.«

Aber während er sprach, kam eine Wolke vom Himmel herunter, und Mose und Elia verschwanden, und Gott sprach, ungefähr so, wie Er gesprochen hatte, als Jesus getauft worden war.

»Dies ist mein Sohn, der Auserwählte. Hört auf ihn!« sagte Gott.

Und dann war alles wieder normal. Jesus war wie immer. Und der Berg war ein gewöhnlicher Berg.

»Wir werden vom Berg hinabsteigen, Freunde«, sagte er. »Wir sollen nach Jerusalem gehen und Ostern feiern.«

Die Jünger sagten nichts. Ich auch nicht.

Jetzt, als es nicht mehr um ihn leuchtete, fand ich es so schrecklich traurig, daß er sterben sollte! Und jetzt konnte ich überhaupt nicht verstehen, daß es notwendig war.

Vielleicht versteht man so was nur im Himmel? Ich schlich mich am Küster vorbei und ging in die Sonne hinaus. Froh und traurig zugleich.

Es waren nur noch wenige Tage bis Ostern.


## 50. Ingrid Salome

Als das zweite Halbjahr zu Ende war, kam Rabbe in die zehnte Klasse. Er ist mein Bruder. Manchmal darf ich in sein Zimmer, aber nur, wenn er selbst zu Hause ist. Er hat wirklich starke Sachen. Ein Poster mit einer Giraffe, die brennt und Schubladen in den Beinen hat. Und eine große Indianerfigur aus Ton als Sparbüchse, denn sie hat unten im Boden einen Gummiverschluß und im Kopf einen Schlitz. Und dann hat er einen Schrumpfkopf aus Südamerika, obwohl ich nicht glaube, daß er echt ist. Aber der sieht stark aus. Und dann hat er noch ein Luftgewehr, das kaputt ist, und zwei richtige Walkie-Talkies. Aus einem Abfallcontainer, hat er gesagt. Sie sind oxydiert, so daß sie im Augenblick nicht funktionieren, aber er will sie reparieren, wenn er Zeit hat. Und einen Schutzhelm von einer Baustelle. Gelb. Und massenhaft Serien von Jerry Cotton. Und ein paar Zeitschriften mit nackten Mädchen. Obwohl ich das albern finde.

Überhaupt finde ich, daß Mädchen etwas überflüssig sind. Das habe ich Rabbe gesagt, aber er lachte nur und sagte, daß das vorübergeht, wenn man größer wird.

»Geht es nicht!« sagte ich. »Es sei denn, man ist so dumm wie du!«

Denn dagegen muß man ja was sagen. Obwohl er wohl recht hat, fürchte ich. Aber ich finde es nicht gut. Ich hatte nicht so viel über das mit den Mädchen nachgedacht, bis Rabbe eins kennengelernt hat. Sie heißt Ingrid, aber sie ist genauso wie Salome, die bei Herodes vorgetanzt hat. Genauso hübsch und von derselben Art, sich zu bewegen und sogar zu sprechen.

Sie trafen sich in dem Sommer, als ich in die dritte Klasse kam. Und dann waren sie immer mehr zusammen. Rabbe ließ sich immer weniger zu Hause sehen. Und Mama und Papa kümmerten sich nicht darum. Eins ist sicher: Ich muß hier zu Hause immer ein Auge auf alles werfen!

Einmal, als Rabbe nicht zu Hause war, schlich ich mich in sein Zimmer. Eigentlich darf ich da nicht hin, wenn er nicht dabei ist. Aber ich hatte Langeweile. Und ich wollte seine Comics lesen.

Da lag eine solche Zeitschrift mit nackten Mädchen herum. Ich blätterte ein wenig darin, weil ich nichts zu tun hatte. Da sah ich plötzlich etwas Gräßliches: Eines der nackten Mädchen war Ingrid!

Hatte cr es gesehen? Begriff er eigentlich, daß er mit einem solchen Mädchen nicht zusammensein durfte? Zuerst dachte ich daran, ein ernstes Wörtchen mit Mama und Papa zu reden. Aber sie haben ja nie Zeit! Und im übrigen meine ich, daß sie sich nicht genügend darum kümmern. Stell dir vor, sie würden sagen: Ja, sie ist doch hübsch! Sie begreifen doch nichts!

Ein Mädchen, das wirklich nett ist, *darf* einfach nicht nackt in so einer Zeitschrift liegen! Auf jeden Fall nicht meine Freundin. Die Freundin meines Bruders, meine ich, ich will ja keine haben.

Ich ging lange herum und überlegte, was ich tun sollte. Aber mir fiel nichts ein, jedenfalls nicht vor einem Tag im August, als die Sommerferien fast zu Ende waren.

Rabbe und Ingrid nahmen mich mit nach Langholmen. Man kann dort baden. Dort ist recht gutes Wasser, obwohl es mitten in der Stadt liegt. Nach dem Schwimmen lagen wir dort und sonnten uns und tranken Saft und aßen Teilchen. Und ich las ein Jerry-Cotton-Heft, das ich mir von Rabbe geliehen hatte. Es war unheimlich schön.

Trotzdem war ich sauer. Weil Ingrid mit dabei war. Ich fand, daß sie alles zerstörte. Solche wie sie sollte es gar nicht geben!

Rabbe war gegangen und kaufte Eis, so daß Ingrid und ich allein waren. Plötzlich kamen zwei Polizisten, ergriffen Ingrid und sagten: »Nun kommst du mit!« Und dann zerrten sie sie weg.

Ich folgte ihnen. Es war etwas unangenehm, aber gleichzeitig geschah ihr recht, fand ich. Sie zogen mit ihr nach Langholmen hinein zum Gefängnis. An der Mauer war eine kleine Menschenansammlung. Sie stießen sie in die Menge.

»Hier habt ihr das Goldkind!« riefen sie und lachten. Dann grüßten sie und gingen.

Ingrid stand ganz allein an der Gefängnismauer. Die Leute bildeten einen Kreis um sie herum. Ich stellte mich etwas weiter weg, um zu sehen, was geschehen würde. Ein kräftiger Kerl in einem feinen Mantel mit Quasten zog sie an den Haaren, so daß man ihr Gesicht sah.

»Wie heißt du?« fragte er.

Sie schluchzte. »Ingrid Salome«, sagte sie dann.

Da hatte ich also doch recht gehabt, dachte ich. Ein Glück für Rabbe, daß sie geschnappt worden war.

»Weißt du, warum du hier bist?« fragte der Kerl. Ich glaube, es war irgendein Oberpriester.

Ingrid Salome schluchzte nur.

»Hure!« schrie der Kerl plötzlich und war ganz rot im Gesicht. »Du bist eine Hure!«

Ich hatte das Wort selbst nicht nennen wollen. Aber so war es. Sie war eine Hure!

Der Priester stieß ihren Kopf hinunter und wandte sich an einen Mann, der auf dem Boden saß. Er saß einfach da und malte mit einem Stöckchen im Sand. Er schien nicht zuzuhören.

»Meister«, sagte der Priester mit sanfter Stimme. »Wir wollen, daß du uns hilfst zu richten. Diese Frau hier ist auf frischer Tat ertappt worden, als sie Ehebruch beging. Was, meinst du, sollen wir mit ihr machen?«

Jetzt sah ich ihn endlich. Er, der da saß und im Sand malte, war Jesus! Arme Ingrid! Er *kann* sehr streng sein, das habe ich früher gesehen. Mir gegenüber ist er immer nett gewesen, aber er ist schlimmer als der fieseste Polizist, glaube ich, wenn man etwas Verrücktes gemacht hat. Ich hätte jetzt nicht in Ingrids Haut stecken mögen!

Jesus saß immer noch da und malte im Sand. Hörte er nicht zu? O doch! Bald würde er etwas sagen! Ich selbst hatte ein bißchen Angst, obwohl ich doch gar nichts gemacht hatte.

Aber noch schwieg er. Schwieg und malte.

»Du weißt besser als wir, Meister«, sagte der Priester etwas ungeduldig, »was Mose in seinem Gesetz sagt. Und du hast ja gesagt, daß wir das Gesetz einhalten sollen. Nicht ein Pünktchen des Gesetzes soll aufgehoben werden, hast du gesagt. Das finden wir auch.«

Jesus schwieg und zeichnete weiter.

»Und Mose sagt, daß eine Ehebrecherin gesteinigt werden soll!« schrie der Priester. »Hast du etwas dagegen, daß wir es sofort machen?«

Ingrid stand ganz allein an der Mauer. Sie weinte nicht mehr. Sie schaute uns nur mit den gleichen leeren Augen an wie Salome, als sie tanzte.

Auf dem Boden lagen reichlich Steine. Plötzlich merkte ich, daß ich einen in der Hand hatte. Ich fühlte mich mies. Denn ich hatte etwas Mitleid mit ihr. Und gleichzeitig fand ich, daß es richtig war, daß solche wie sie nicht das Leben von anderen zerstören dürften. Manchmal ist Gott streng. Aber unangenehm war es trotzdem!

Ich wünschte, daß Jesus mit seiner strengen Stimme schnell sagen würde: »Fangt an!«

Dann wüßte ich, daß ich es durfte. Und es wäre recht schön, wenigstens einen kleinen Stein auf sie zu werfen. Was dann die anderen machten, dafür konnte ich ja nichts.

Da endlich sah Jesus auf. Er war sehr ernst. Alle hielten ihre Steine in den Händen und warteten nur darauf, daß sie anfangen durften zu werfen. Ich mußte mich anstrengen, nicht wegzurennen, so scheußlich war es. Dürfen wir jetzt nicht endlich werfen? Dann ist wenigstens bald Schluß, dachte ich.

»Der von euch, der frei ist von Sünde, der werfe den ersten Stein auf sie«, sagte Jesus. Und dann sah er uns an, einen nach dem anderen.

Aber da geschah etwas Merkwürdiges. Zuerst sah er auf den kräftigen, rotgeblümten Oberpriester, der so wütend gewesen war. Aber als sich ihre Blicke trafen, errötete und erblaßte der Oberpriester abwechselnd. Dann ließ er den Stein fallen und ging davon. Ich begriff nicht, warum.

Genauso ging es dann mit einem nach dem anderen. Jesus sah sie an. Dann wurden sie ganz komisch und hauten ab.

Und dann war nur noch ich übrig. Konnte er wirklich meinen, daß *ich* sie steinigen sollte? Und allein?

Da sah er mich an. Und es war schrecklich. Denn seine Augen waren wie zwei Spiegel. Ich sah mich selbst; meine eigenen blauen Augen sah ich in seinen Augen. Und ich sah, daß es die Augen der Schlange waren.

Auch ich ließ den Stein fallen und begann zu weinen. Ich hoffte, daß er aufstehen und mich in den Arm nehmen und mich trösten würde. Ich brauchte das jetzt.

Aber er sah mich nicht mehr. Nun sah er nur noch Ingrid an, die immer noch an der Gefängnismauer stand.

»Wo sind sie hin?« fragte er auf die schelmische Art, die er hat, wenn er jemanden richtig mag und bei guter Laune ist. »Gab es niemanden, der dich verurteilt hat?« fragte er und stellte sich erstaunt.

»Nein, Herr«, flüsterte Ingrid.

»Dann werde ich es auch nicht tun«, sagte er. »Geh nun und sündige nicht mehr.«

Als ich zurück an den Strand kam, lag Ingrid da, als wäre nichts geschehen. Bald darauf kam Rabbe mit drei Eis. Wir badeten noch einmal, und dann fuhren wir nach Hause.

Als wir uns in der U-Bahn trennten, nahm Rabbe Ingrid in den Arm, wie er es oft macht. Plötzlich nahm auch ich sie in den Arm.

Ich weiß nicht, ob es dumm war.

# 51. Man sollte nicht dauernd nur aufräumen

Es war gut, daß ich auch in der dritten Klasse immer noch neben Michael saß. Übrigens habe ich jetzt noch einige Freunde mehr in meiner Klasse: Ulf, Lasse, Bananen-Jan (er wird wirklich so genannt) und Helmut. Helmut kommt aus Deutschland. Ihn schicken wir meistens zu den Mädchen. Aber manchmal nehmen wir ihn auch mit. Wir haben sogar immer noch dieselbe Lehrerin. Sie ist in Ordnung. Mir gefällt es auf der Adolf-Friedrich-Grundschule.

Ich gehe immer noch in die dritte Klasse, aber jetzt, wo ich dies hier gerade schreibe, kommt bald Pfingsten, und kurz darauf fangen die Sommerferien an. Darauf freue ich mich schon! Auf Pfingsten und auf die Sommerferien.

Was ich jetzt erzählen werde, geschah vor einer Woche. Wir haben unser Klassenzimmer im dritten Stock in einem alten Haus. Früher war das hier eine reine Mädchenschule. Hier drinnen scheint es noch von lauter Mädchenbazillen zu wimmeln. Aber das macht nichts.

Der Tag, von dem ich jetzt erzähle, begann damit, daß ich Helmut eine E. T.-Puppe zuwarf. Die Puppe traf allerdings eine Vase auf dem Lehrerpult, so daß diese umfiel und kaputtging. Das hatte ich nicht gewollt. Unsere Lehrerin wurde etwas ärgerlich und sagte, daß ich einen Handfeger und eine Schaufel aus dem Putzschrank am Ende des Korridors holen sollte. Dann sagte sie noch, daß es dort im Regal auch eine neue Vase gäbe.

»Beeil dich!« sagte sie.

Deshalb ging ich extra langsam. Niemand braucht mir zu sagen, daß ich mich beeilen soll.

Es war keine Kunst, den Putzschrank zu finden. Auch den Handfeger und die Schaufel fand ich sofort. Aber als ich meine Hand nach der Vase auf dem Regal ausstreckte, hielt ich inne. Ich hörte Stimmen, und sie schienen aus dem Schrank zu kommen.

Das konnte wohl kaum stimmen. Der Schrank mußte ja schließlich eine Rückwand haben, die nicht allzuviel Platz lassen konnte! Aber es war so dunkel, daß ich sie nicht sah. Als ich mit der Hand fühlte, gab es dort keine Rückwand, sondern einen Vorhang. So einen, wie man ihn sonst oft in einem Chinarestaurant sieht: mit vielen Bändern und Glöckchen, die klingeln, wenn man hindurchgeht. Ich mußte über einen Putzeimer klettern und mich an einem Staubsauger vorbeizwängen, um hindurchzukommen. Aber dann klappte es, und ich ging durch den Vorhang.

Es war ganz dunkel. Ich befand mich in einer Art Korridor. Aber von etwas weiter her hörte ich Stimmen, genauer gesagt eine einzige Stimme, an die ich mich in solchen Situationen schon gewöhnt hatte. An Jesu Stimme natürlich!

Ich schlich mich näher. Plötzlich stand ich in einem Türrahmen. In dem Zimmer saß Jesus und redete.

Er saß auf dem Boden auf einem Teppich. Das tun sie meistens hier im Heiligen Land. Die Sonne schien durch eine ziemlich kleine Fensteröffnung hinein. Draußen auf dem Hügel erahnte ich eine Ziege.

»Na also«, dachte ich, »unsere Lehrerin muß warten! Ich kann ja nichts dafür, daß ich plötzlich reise. Übrigens ist es wohl wichtiger, Jesus zu treffen, als aufzuräumen, oder etwa nicht?«

»Darf ich hineinkommen?« fragte ich.

»Ja, natürlich«, sagte Jesus. »Komm herein, Johannes! Das hier ist Maria, und draußen in der Küche, das ist ihre Schwester

Martha.« (Das war natürlich eine andere Maria, nicht die Mutter von Jesus.)

Ich hörte, daß es in der Küche laut schepperte, genauso wie es scheppert, wenn Mama ärgerlich ist und dann spült.

»Und dann haben die beiden auch noch einen Bruder, der Lazarus heißt. Aber der ist im Augenblick nicht zu Hause.«

Dann redete Jesus weiter. Er erzählte etwas, was ich vergessen habe. Es war etwas über irgend jemanden, der auf einer Reise war und von Räubern überfallen wurde und schließlich Hilfe bekam oder so ähnlich. Aber mich interessierte eher die Ziege draußen auf dem Hof. Würde ich auf der vielleicht reiten können?

Es schepperte immer lauter in der Küche. Ja, ich glaube, daß Martha ärgerlich war. Übrigens sagte sie das selbst kurze Zeit später. Sie steckte ihren Kopf ins Zimmer hinein.

»Jesus«, sagte sie, »kannst du meiner Schwester nicht sagen, daß sie mir helfen soll? Soll ich etwa alles allein machen?«

Und dabei starrte sie mehr auf Jesus als auf ihre Schwester. Sie wagte wohl nicht zu sagen, daß auch er mithelfen könnte. Aber ich glaube, daß sie das meinte.

Jesus lachte nur.

»Reg dich nicht auf«, sagte er. »Du brauchst dich jetzt nicht um alles zu kümmern, was noch gemacht werden muß. Dazu bleibt immer noch Zeit. Wir sprechen hier über etwas viel Wichtigeres.«

»Aber warum sprichst du nur mit Maria«, fragte Martha.

»Sie hat sich dazu entschlossen, zuzuhören«, sagte Jesus. »Sie hat das Bessere gewählt. Daran sollten wir sie nicht hindern!«

Er sagte nicht, daß auch Martha sich setzen könnte. Warum sagte er das nicht? Martha ging brummend hinaus, aber er rief ihr nicht nach.

So was macht er manchmal, habe ich gemerkt. Er sagt das gerade nicht, was man vielleicht erwartet. Dadurch wird man gezwungen, selbst nachzudenken.

Dann kam Lazarus von der Arbeit nach Hause. Jesus und Maria hörten auf, miteinander zu reden, und alle vier machten gemeinsam Essen. Es wurde richtig eng in der Küche, so daß ich auf den Hof ging und statt dessen mit der Ziege Bekanntschaft schloß.

Ich fand, daß ich das Bessere gewählt hatte.


## 52. Streit mit den Juden

»Das Essen ist fertig!« rief Maria auf den Hof. Ich kletterte von der Ziege und ging rein. (Man kann auf einer Ziege reiten, wenn sie bei guter Laune und man selbst nicht zu schwer ist.)

Wir bekamen ein Schafsteak mit Wein dazu, obwohl Maria so viel Wasser in meinen Wein goß, daß ich fast nur noch gefärbtes Wasser trank. Es schmeckte lecker! Ganz besonders schmeckten einige kleine Knospen, die wie Rosenkohl aussahen. Aber es war kein Rosenkohl. Der schmeckt nämlich etwas bitter.

»Vielen Dank für das Essen«, sagte Jesus. (Er dankte Gott ebenfalls. Vorher und nachher. Es wurde ganz schön viel gedankt.) »Nun muß ich hinauf nach Jerusalem, um meine Jünger zu treffen. Kommst du mit, Johannes?« fragte er mich.

Natürlich sagte ich ja. Dann gingen wir.

Lazarus, Maria und Martha wohnten in einem kleinen Dorf, das Betanien hieß. Es lag ganz in der Nähe von Jerusalem. Doch man brauchte über eine halbe Stunde, um bis zum Stadttor zu gehen. Also war es nicht so besonders nah. Ich durfte eine Weile auf Jesu Schultern sitzen.

»Bist du mir böse, weil ich Ingrid steinigen wollte?« fragte ich etwas vorsichtig. Denn ich merkte ja, daß er nicht böse war.

»Nein«, sagte Jesus. »Du hast gesehen, was du sehen solltest. Das reicht.«

»Weißt du eigentlich alles?« fragte ich.

»Alles, wovon Gott will, daß ich es weiß«, antwortete er.

Jetzt waren wir am Stadttor. Die Jünger kamen einer nach dem anderen an. Es war lustig, sie wie alte Bekannte begrüßen zu können. Simon Petrus, Jakob, Johannes, Andreas, Matthäus

161

und Judas und wie sie alle noch hießen. Sie begannen meine Freunde zu werden, obwohl sie viel größer waren als ich.

Man bemerkte die Feststimmung in der Stadt.

»Ist etwas Besonderes los?« fragte ich.

»Und ob!« sagte Matthäus. »Endlich wird heute der neue Tempel eingeweiht! Er ist jetzt fertig!«

»Aber der wird bald wieder abgerissen«, sagte Jesus und sah traurig aus.

Wir gingen zum Tempel hinauf und schlenderten in eine Halle, die Salomos Säulenhalle hieß. Alle schienen Jesus zu kennen. Die Leute grüßten ihn jedenfalls aus allen Ecken.

Aber sie schienen böse auf ihn zu sein. Oder wenigstens aufgeregt. Denn sie kamen in einer ganzen Traube zu uns und umringten Jesus, so daß er nicht weitergehen konnte.

»Jetzt mußt du noch mal sagen, was eigentlich los ist!« riefen sie. »Bist du der Messias oder nicht?«

»Das habe ich doch schon gesagt«, sagte Jesus. »Aber ihr wollt mir nicht glauben. Aber wenn ihr schon nicht glaubt, was ich sage, dann könnt ihr doch wenigstens sehen, was ich tue! Blinde sehen, Taube hören, Lahme tragen plötzlich ihr Bett, und Tote werden lebendig. Das alles habt ihr ja selbst gesehen. Und trotzdem fragt ihr, ob ich der Messias sei.«

Er war richtig böse. Sie wurden auch böse, das merkte man. Sie wollten nicht glauben, daß er der Messias sei, obwohl das doch wohl sonnenklar war.

»Wir glauben dir nicht«, sagte jemand.

»Natürlich tut ihr das nicht«, sagte Jesus. »Ihr gehört nicht zu meinen Schafen. Die erkennen mich nämlich und folgen mir. Und sie werden durch mich ewiges Leben bekommen. Aber ihr gehört nicht dazu! Das merkt ihr ja selber, sonst würdet ihr glauben.«

Ich hatte Jesus nie so ärgerlich gesehen. Und die Juden wurden genauso ärgerlich. Einige hoben Steine auf, um Jesus auf der Stelle zu steinigen.

»Du lästerst Gott!« schrien sie. »Ein Gotteslästerer darf nicht leben!«

Wie *können* sie nur? dachte ich. Doch da sah mich Jesus

162

freundlich, aber herausfordernd an, so daß ich plötzlich verstand, warum sie es konnten. Ich hatte ja selbst vor nicht allzu langer Zeit an der Mauer des Gefängnisses von Langholmen gestanden und wollte Ingrid steinigen. Ich wußte, daß Jesus daran dachte. Trotzdem war ein Lachen in seinen Augen.

Ich wurde rot wie eine Tomate. Man muß anscheinend die ganze Zeit aufpassen, daß die Schlange nicht die Oberhand über einen bekommt.

Außerdem mußten wir jetzt aufpassen, daß wir nicht alle zusammen umgebracht wurden. Jesus ist scheinbar einer, den man entweder unheimlich gerne mag oder auf den man eine unbändige Wut bekommt. Und die Juden waren jetzt rasend vor Zorn.

Ich weiß nicht, wie wir entkamen. Ich erinnere mich nur noch, wie ich durch Salomos Säulenhalle lief. Petrus und Andreas liefen vorneweg. Jesus sah ich nicht. So kamen wir aus dem Tempelbezirk und durch das Stadttor hindurch.

Schön! Alle waren dabei, auch Jesus.

Jetzt konnten wir etwas ruhiger gehen. Es war ein recht langer Weg, denn Jesus wollte zu der Stelle gehen, an der Johannes der Täufer gepredigt hatte.

Diese Stelle lag auf der anderen Seite des Jordans. Aber schließlich kamen wir doch noch an, spät am Abend. Bei den meisten durfte ich zwischendurch mal auf den Schultern sitzen, also klappte es ganz gut.

Dann machten wir Feuer und aßen etwas. Schließlich schliefen wir ein. Wir blieben noch einige Tage dort, bis für Jesus eine Nachricht aus Betanien kam.

»Beeilt euch und kommt her!« sagte der Bote. »Lazarus ist krank. Jesus muß kommen, um ihm zu helfen!«

# 53. Wieder hinauf nach Jerusalem

Ich dachte natürlich, daß wir es jetzt eilig hätten! Wie wenn ein Arzt loslaufen muß, um jemandem das Leben zu retten. Denn der Bote hatte gesagt, daß es schlimm um Lazarus stehe. Seine Schwestern glaubten nicht, daß er noch viele Stunden zu leben habe.

Und die Jünger dachten wie ich, das merkte man. Denn sofort begannen sie damit, die Sachen, die wir mithatten, zusammenzupacken. Aber Jesus war gelassen.

»Wir bleiben noch eine Weile«, sagte er.

»Können wir uns das denn erlauben?« fragte Thomas. »Stell dir vor, Lazarus stirbt!«

»Diese Krankheit führt nicht zum Tode«, sagte Jesus. »Sie wird Gottes Herrlichkeit zeigen und den Leuten klarmachen, daß ich Sein Sohn bin.«

Nach zwei Tagen sagte Jesus: »Jetzt gehen wir los.«

»Können wir das überhaupt wagen?« fragten die Jünger. »Neulich, als wir in Jerusalem waren, waren wir kurz davor, gesteinigt zu werden.«

Jesus antwortete etwas Merkwürdiges, was ich nicht verstand. Dann sagte er: »Lazarus schläft, aber ich werde nach Betanien gehen, um ihn aufzuwecken.«

»Wie schön«, sagten die Jünger. »Wenn er schläft, wird er wohl wieder gesund, jedenfalls, wenn du kommst.«

Jesus lachte etwas sonderbar.

»Er ist tot«, sagte er dann. »Aber euretwegen bin ich froh, daß er tot ist. Denn dann werdet ihr glauben.«

Niemand von uns begriff irgend etwas, glaube ich. Das ist ärgerlich, denn von einem zum anderen Mal vergißt man, was Jesus alles kann. Aber gerade deswegen wirkt er trotz alledem so normal. Wenn jemand tot ist, dann ist wohl nichts mehr dagegen zu machen, meint man, obwohl man *gesehen* hat, daß Jesus auf dem Wasser geht, Wasser zu Wein macht und so was. Man vergißt immer wieder, was er kann.

»Aha«, sagte Thomas etwas sauer, »dann gehen wir also hinauf nach Jerusalem und lassen uns umbringen.« Er dachte wohl genauso wie ich, daß man schon ungewöhnlich dumm sein muß, sich umbringen zu lassen, indem man nach Jerusalem hinaufzieht, obwohl Lazarus doch schon tot ist.

Aber er kam mit. Das taten wir alle. Man kann ruhig ein bißchen nörgeln, wenn man mit Jesus umherzieht, aber schließlich wird doch getan, was Jesus sagt.

Wir gingen direkt nach Betanien. Das Dorf liegt auf derselben Seite von Jerusalem wie der Ölberg. Deshalb mußten wir nicht durch die Stadt gehen. Und deshalb trafen wir auch keine Leute, die uns steinigen wollten. Schön!

Das ist merkwürdig. Obwohl ich weiß, daß Jesus schließlich gekreuzigt und nicht gesteinigt wird, vergesse ich das und habe Angst.

Martha kam uns schon auf dem Weg entgegen.

»Danke, daß du gekommen bist«, sagte sie zu Jesus. »Aber es ist zu spät. Er liegt schon seit vier Tagen im Grab. Im Augenblick ist das Haus voller Leute, die ihn betrauern.«

Dann sagte sie plötzlich: »Wenn du hiergewesen wärst, wäre mein Bruder nicht gestorben!«

Es klang, als klagte sie Jesus an, weil er sich so viel Zeit gelassen hatte. Und ich fand, daß sie recht hatte.

»Trotzdem weiß ich«, sagte Martha, »daß Gott dir das geben wird, um das du ihn bittest.«

Sie sagte es einfach daher. Ich begriff nicht, was sie meinte. Ich glaube, daß sie das auch selbst nicht verstand. Manchmal sagt man wichtige Sachen, die man selbst nicht versteht.

Aber Jesus verstand ihre Bemerkung.

»Dein Bruder wird wieder auferstehen«, sagte er.

Ich glaube, das war es, was Martha gemeint hatte. Daß Jesus Lazarus aufwecken sollte, obwohl Lazarus schon tot war. Aber andererseits fand sie, daß es so unmöglich war, daß sie selbst nicht begriff, was sie gesagt hatte. Denn nun sagte sie etwas müde: »Ja, am Jüngsten Tag wird er auferstehen. Wie wir alle. Sicherlich glaube ich das.« Dann seufzte sie. »Was kann mich das jetzt trösten?« sagte sie traurig.

»Ich bin die Auferstehung und das Leben«, sagte Jesus und

sah fröhlich aus. »Wer an mich glaubt, wird leben, auch wenn er stirbt. Glaubst du das?«

Einen Augenblick lang war Martha still. Sie starrte Jesus einfach nur an. Und er blickte sie auch an. Und lächelte. Nicht etwa tröstend, eher fast schelmisch, froh.

»Ja«, sagte Martha, »ich glaube, daß du der Messias bist.«

Sie schien etwas schüchtern zu sein angesichts dessen, was sie gesagt hatte. Oder vielleicht war sie nur über sich selbst erstaunt, denn sie drehte sich auf dem Absatz um und ging ins Haus hinein zu Maria.

»Der Meister ist hier und ruft dich«, sagte sie, obwohl Jesus Maria gar nicht ausdrücklich gerufen hatte. Wie merkwürdig!

Und dann kam Maria heraus und begrüßte Jesus. Sie sagte dasselbe, nämlich, daß Lazarus nicht hätte zu sterben brauchen, wenn Jesus rechtzeitig gekommen wäre. Gleichzeitig weinte sie bitterlich. Martha war viel ruhiger gewesen.

Es war, als hätte Maria Jesus geschüttelt, als sie so bitterlich weinte. Denn mit einem Mal sah er ganz wild aus.

»Wohin habt ihr ihn gelegt?« fragte er.

»Komm mit und sieh selbst«, schluchzte Maria.

Und da fing auch Jesus an zu weinen.


## 54. Martha wickelt Binden


Wir gingen alle zusammen zum Grab. Es lag ein kleines Stück von Lazarus' Haus entfernt. Es war in einen Fels gehauen. Sie hatten einen großen Stein vor die Öffnung gerollt. Der Stein sah aus wie ein großer Mühlstein und schien unheimlich schwer zu sein.

»Rollt den Stein weg!« sagte Jesus.

Martha legte ihre Hand auf Jesu Schulter, als ob sie ihn aufhalten wollte.

»Herr, man riecht schon was«, sagte sie. »Es ist schon vier Tage her!«

Mit einem Mal fand ich alles eklig. Ich begriff plötzlich, was dieser schwache Geruch bedeutete. Der Geruch kam von Lazarus, dem netten Kerl, der erst vor einigen Wochen mit mir gespielt hatte. Jetzt war er eine stinkende Leiche. Es war, als wäre ich in einer Gespenstergeschichte gelandet, obwohl es doch mitten am Tage war, die Sonne schien und alles rundherum grün war, mit Blumen und Vögeln! Jedenfalls lief es mir kalt den Rücken hinunter.

»Habe ich nicht gesagt, daß du Gottes Herrlichkeit erblicken wirst, wenn du glaubst?« sagte Jesus zu Martha. Sie wagte nichts mehr zu sagen. Ich glaube, auch sie fand es eklig.

Thomas und Andreas gingen zu dem Stein und stemmten sich mit den Schultern gegen ihn. Ich fragte mich, wie sie den wohl in Bewegung setzen wollten, so groß wie der war. Aber da sah ich, daß es eine Spur gab, in der der Stein rollen konnte. Deshalb konnten sie ihn auch zur Seite schieben.

Der Fels war weiß, und die Öffnung war ein kaltes, schwarzes Loch, das tief in den Fels hineinging. Jetzt roch es schon viel deutlicher. Maria nahm mich an die Hand. Das war schön.

Jesus sah zum Himmel hoch und betete.

»Danke, daß Du mich erhört hast, Vater!« sagte er. Dann rief er laut: »Lazarus, komm heraus!«

Ich faßte Marias Hand fester an. Ich wußte nicht, ob ich eigentlich wollte, daß Lazarus herauskam.

Aber er kam heraus. Er sah aus wie eine Mumie. Er war in etwas eingewickelt, das wie Mullbinden aussah. Und über das Gesicht war ein Tuch gedeckt.

»Macht ihn frei und laßt ihn gehen!« befahl Jesus.

Keiner wollte ihn anfassen, schien es. Es war, als müsse man vortreten und ein Gespenst anfassen. Aber Martha tat es schließlich trotzdem. Vorsichtig begann sie damit, die Binden abzuwickeln. Eine nach der anderen. Lazarus stand unbeweglich da. Ich fragte mich, wie er sich wohl fühlte. Das konnte für ihn auch nicht besonders angenehm sein.

Denn er stank wirklich. Aber je mehr Martha abgewickelt hatte, desto lebendiger schien er zu werden. Sie hatte mit dem Kopf angefangen und das Tuch weggenommen. Er sah ratlos und erschreckt aus, so daß ich fast lachen mußte. Er schaute einfach ganz hilflos seine Schwester an, während sie immer weiterwickelte.

Er wollte eine Bewegung machen, um ihr dabei zu helfen, aber es klappte nicht. Er war wie ein kleines Kind, das man trockenlegen mußte. Ein Kleinkind. Und als ich daran dachte, war es plötzlich überhaupt nicht mehr unheimlich.

»Lazarus«, sagte Martha leise, »Lazarus! Du lebst!«

Er antwortete nicht. Aber er sah sie an. Plötzlich mußte ich an Legion denken, derjenige, der viele war. Lazarus hatte die gleichen ängstlichen, hilflosen Augen.

Martha redete weiter freundlich auf ihn ein, während sie die Binden abwickelte. Und Lazarus wurde immer mehr zu dem, der er früher gewesen war. Er bekam sogar wieder Farbe im Gesicht. Er fing an, sich umzusehen. Man merkte, daß er alle wiedererkannte und froh war über das, was er sah. Man merkte, daß er wieder leben wollte.

Die ganze Zeit über hatte Martha gewickelt und dabei über dies und das gesprochen. Und jetzt war alles überhaupt nicht mehr eklig. Es war, als ob man bei einer Geburt dabeigewesen wäre.

Und irgendwie war es ja auch so was.


## 55. Bei Lazarus zu Hause

Ich blieb recht lange bei Lazarus. Ich durfte es, sagten sie. Und Lazarus war damit beschäftigt, mir einen Sattel für die Ziege zu machen, damit ich etwas bequemer reiten konnte. Und Jesus hatte versprochen, wieder hereinzuschauen, um nachzusehen, ob ich noch da war, wenn er vorbeikam. Ich konnte später mitkommen, wenn ich wollte. Wenn sie nach Jerusalem hinaufzogen, um dort Ostern zu feiern.

Er hatte mich etwas sonderbar angesehen, als er letzteres sagte. Ich wußte, und er wußte es ebenfalls, daß es das Osterfest werden sollte, an dem er gekreuzigt würde. Ich war mir nicht sicher, ob ich dabeisein wollte. Für so was kann man sich schlecht entscheiden.

Jedenfalls durfte ich bei Lazarus und seinen Schwestern wohnen, und mir ging es dort sehr gut.

Das einzig Blöde war, daß die ganze Zeit so viele Leute kamen, die Lazarus sehen wollten. Als wenn er ein seltsames Tier gewesen wäre. Und alle fragten, wie man sich als Toter fühle. Und wie es sei, wieder lebendig zu werden.

Lazarus antwortete nicht viel. Meistens lachte er. Aber manchmal schien er es leid zu werden, wenn sie ihn gar zu sehr plagten. Manchmal sagte er dann: »Ich habe gelernt, daß Leben gut ist.«

»Muß man denn sterben, um das zu lernen?« fragten die Leute und lachten.

»Manchmal«, sagte Lazarus.

»Es ist am besten, wenn du auf dich aufpaßt«, sagte ein Mann. »Denn ich habe gehört, daß die Hohenpriester in Jerusalem rasend sind. In allererster Linie wegen Jesus natürlich. Sie wollen ihn tot sehen, so schnell es nur geht. Aber sie sind auch hinter dir her, Lazarus.«

»Warum das denn?« fragte ich.

»Leute, die Lazarus sehen, fangen natürlich an, an Jesus zu glauben«, sagte der Mann. »Und in Jerusalem wollen sie es nicht, daß jemand an Jesus glaubt.«

Martha und Maria schienen Angst zu bekommen. Aber Lazarus lachte nur.

»Sie sind verrückt«, sagte er.

»Jetzt bin ich gerade mal auferstanden, da wollen sie mich schon wieder umbringen!«

»Das darf nicht geschehen!« sagte Maria heftig.

»Das darf natürlich geschehen, wenn Gott es so will«, sagte Lazarus ruhig. »Es ist nicht so schlimm zu sterben. Frag einen, der es weiß!« Und dann lachte er so fröhlich, daß wir anderen davon angesteckt wurden.

»Aber ich gebe zu«, sagte er dann, »daß ich gerne noch eine kleine Weile bei euch bleiben möchte. Denn ich habe so tolle

Schwestern!« Und dann nahm er Martha und Maria in den Arm.

»Hast du nicht länger Angst davor zu sterben?« fragte ich.

»Nein, jetzt nicht mehr«, sagte Lazarus. »Keine Spur mehr. Jetzt weiß ich endlich, was es heißt zu leben. Dann kann man auch sterben. Wenn Gott es will.«

»Was heißt es zu leben?« fragte ich weiter.

»Nur einfach zu leben«, sagte Lazarus und kaute ein großes Stück Lammfleisch. »Das ist ganz einfach, wenn man es nicht komplizierter macht, als es ist. Aber das kann man nicht einfach weitersagen. Darauf muß jeder selbst kommen. Johannes, dein Sattel ist fertig. Sollen wir rausgehen und ausprobieren, ob er für die Ziege taugt?«

Und das taten wir dann.


Es dauerte einige Wochen, bis Jesus und seine Jünger zurückkamen. Es war kurz vor Ostern. Da wurde groß gefeiert. Als wir bei Tisch lagen, verschwand Maria in ein anderes Zimmer. Schließlich kam sie mit einer Flasche zurück. Ich glaubte erst, daß es irgendein besonderer Likör oder so was war. Aber das stimmte nicht. Es war Nardenbalsam, erfuhr ich später. Eine Art Öl oder Parfüm. Maria schlug den Flaschenhals ab und schüttete das Öl über Jesu Füße. Dann rieb sie das Öl mit ihren Haaren in seine Füße ein.

Im ganzen Haus roch es gut. Jesus sah froh und wehmütig zugleich aus. Nur Judas wurde ärgerlich.

»Die reinste Verschwendung!« rief er. »Wißt ihr, was eine solche Flasche kostet? 300 Dinare mindestens! Das ist fast ein ganzer Jahreslohn! Wenn du klug gewesen wärst, dann hättest du die Flasche an irgendeine reiche Tante in Jerusalem verkaufen können und hättest mindestens 300 Dinare bekommen. Stell dir vor, was man mit diesem Geld für die Armen hätte tun können! Denk daran, daß der Meister gesagt hat, daß wir uns um die Armen kümmern sollen!«

Es war richtig unheimlich, ihn zu hören. Wie eine Schallplatte. Oder ein Wahlredner.

»Halt!« sagte Jesus, und Judas verstummte.

Maria sah traurig aus. Sie hatte aufgehört, die Füße mit dem Öl einzureiben.

»Mach ruhig weiter, Maria«, sagte Jesus freundlich. »Du tust das Richtige. Mehr als du vielleicht selbst verstehst. Du hast das Öl für meine Beerdigung aufbewahrt. Die Armen habt ihr ja immer unter euch, mich aber nicht.«

Puh, jetzt redete er wieder, als ob er sterben müßte. Gerade, als ich es fast vergessen hatte. Aber vielleicht hat Lazarus recht. Vielleicht ist es überhaupt nicht schlimm zu sterben?

Er muß es ja wissen.


## 56. Hosianna!

Wir übernachteten bei Lazarus und seinen Schwestern. Am nächsten Morgen folgte ich Jesus und seinen Jüngern nach Jerusalem. Denn es war klar, daß ich dabeisein wollte, auch wenn es traurig würde.

Kurz vor der eigentlichen Stadt liegt ein kleines Dorf, das Betfage heißt. Früher hieß es jedenfalls so. Wie es heute heißt, weiß ich nicht.

Als wir dort ankamen, sagte Jesus zu zwei Jüngern, daß sie zwei Esel holen sollten. Eine Eselin und ihr Fohlen.

Keiner begriff, wozu die beiden Esel gut sein sollten. Wenn wir schon so weit gelaufen waren, dann konnten wir das letzte Stück doch wohl auch noch gehen. Aber Jesus war nicht davon abzubringen.

»Aber wenn jemand etwas sagt?« wandte Thomas ein, der einer der beiden Jünger war. »Das sind ja nicht unsere Esel.«

»Sag, daß der Herr sie braucht«, sagte Jesus. »Das reicht.«

Es gab keine Probleme mit den Eseln. Sie brauchten sie nur zu nehmen. Ich glaube, daß Thomas sie später zurückgebracht hat.

Die Jünger breiteten ihre Mäntel über den großen Esel, damit es schöner aussah. Dann ritt Jesus auf ihm durch das Stadttor.

Offensichtlich hatte das mit den Eseln eine besondere Bedeu-

171

tung, denn ein fröhlicher, kleingewachsener Mann, der über das ganze Gesicht strahlte, schrie: »Genau wie der Prophet Sacharja schreibt! ›Sieh, dein König kommt zu dir, demütig ist er und reitet auf einer Eselin und einem Fohlen, auf dem Fohlen eines Lasttiers.‹ Kommt und seht!« schrie er. »Jetzt geht die Prophezeiung in Erfüllung!«

Es waren sicherlich mehr, die das mit den Eseln kannten, denn die Leute strömten aus allen Richtungen zusammen.

»Der König kommt!« riefen sie. »Der König kommt!«

»Hosianna! Davids Sohn!«

»Der Messias ist da!«

»Hosianna!«

Dieses Hosianna kannte ich ja schon aus der Kirche. Man singt es am ersten Advent.

Die Leute waren wie verrückt. Sie rissen Palmwedel von den Bäumen und schwenkten sie wild. Und die ganze Zeit kamen neue Menschen, die ihre Mäntel vor dem Esel auf den Boden legten, so daß er nicht einen einzigen Schritt auf der Straße tun mußte.

Judas ging neben Petrus und mir.

»Er wird es schaffen«, flüsterte Judas und strahlte über das ganze Gesicht. »Siehst du nicht, wie das ganze Volk ihm folgt? Er wird es schaffen! Er wird nicht umgebracht werden!«

»Was wird er denn schaffen?« fragte Petrus.

»Den Aufruhr!« sagte Judas. »Jetzt ist es Zeit! Jetzt hat er ganz Jerusalem hinter sich und wird die Römer bis ins Meer jagen. Und die Hohenpriester können gleich mitgehen. Und die Pharisäer und die Schriftgelehrten auch. Weißt du, Petrus, manchmal habe ich daran gezweifelt, daß er es schaffen wird. Aber jetzt nicht mehr! Siehst du nicht, wie sie ihn verehren?«

Petrus sah betrübt aus.

»Wenn er aber nicht will?« sagte er zweifelnd.

»Wollen? Er muß, das verstehst du doch wohl!« sagte Judas. »Wenn er jetzt nicht zuschlägt, spätestens heute abend, dann ist es zu spät. Die Massen sind launisch.«

»Er wird nicht zuschlagen, wie du behauptest«, sagte Petrus.

»Er muß!« sagte Judas. »Er ist ein Narr, wenn er es nicht tut.«

»Vielleicht ist er ein Narr«, sagte Petrus. »Ich habe ihn nie verstanden. Du etwa?«

Judas antwortete nicht.

»Ich liebe ihn«, sagte Petrus. »Und ich bin bereit, für ihn zu sterben, wenn es sein muß. Aber ich verstehe ihn nicht.«

»Er muß«, sagte Judas nur.

## 57. Streit im Tempel

Es schien, als sollte Judas recht behalten. Als wenn Jesus wirklich irgendwie »zuschlagen« wollte. Denn es gab fast sofort Streit, und es war tatsächlich Jesus, der anfing.

Er war mit uns direkt zum Tempel gezogen. Es war dort wie gewöhnlich. Voller Leute, die umhergingen und miteinander redeten. Voller Theken und Stände, an denen man Opfertiere verkaufte, Geld wechselte und sonstwie Geschäfte machte.

Plötzlich blieb Jesus mitten in der großen Halle stehen. Er sah sich um, und es war, als ob er alles zum ersten Mal sähe. Und er wurde rasend.

Er riß ein Tau an sich, das auf einem Tisch lag. Damit wurden sonst Ochsen angebunden. Ja, denn es gab nicht nur kleine Tauben zu opfern, es gab auch Schafe und sogar ausgewachsene Ochsen. In dieses Tau machte er einen Knoten und begann, damit herumzuschlagen, sobald jemand in seine Nähe kam. Er stieß Tische um, an denen Männer saßen und Geld wechselten. Die Münzen fielen auf den Boden und rollten umher. Niemand wagte, sie aufzuheben.

Die Schafe und Ochsen trieb er an, so daß sie sich losrissen und durch die große Tempelhalle zum Tor hinausliefen.

Dann zwinkerte er mir zu.

»Erinnerst du dich?« flüsterte er. »Ein Opfer, das mein Vater gerne hat?«

Und in diesem Moment sah er auch nicht einen Tag älter aus als ein verärgerter, aber gleichzeitig froher Zwölfjähriger.

Er sprang über einen Tisch und ging direkt zu einem großen Taubenkäfig. Der Besitzer versuchte, ihn zurückzuhalten, aber da bekam er mit dem Tau einen Schlag auf die Schulter, so daß er erschrocken zurückwich. Dann öffnete Jesus die Käfigtür und sagte leise etwas Beruhigendes zu den Tauben. Und die ganze Schar flog auf und verteilte sich in der Halle, bis alle Tauben den Ausgang durch das Tor gefunden hatten.

Für einen Augenblick sah Jesus nicht verärgert, sondern einfach nur glücklich aus. Er lachte über das ganze Gesicht.

Aber danach wurde er wieder ernst. »Wißt ihr eigentlich nicht, daß geschrieben steht, Gottes Haus solle ein Haus sein, in dem man betet?« schrie er. »Ihr habt es zu einer Räuberhöhle gemacht! Aber das alles muß weg!« schrie er. »Alles muß weg!«

Dann beruhigte er sich.

Jetzt ist es geschehen, dachte ich. Jetzt werden die Hohenpriester die Polizei holen, die ihn festnehmen wird. So etwas kann sich nicht einmal Jesus erlauben.

Ich sah den Hohenpriestern an, daß sie sehr wohl Lust dazu hatten. Aber sie wagten es nicht. Denn es waren viel zu viele, die zu Jesus hielten.

»Bravo!« riefen diese.

»Du hast recht!«

»Eine einzige Räuberhöhle ist das hier!«

»Es ist gut, daß du hier aufräumst, Jesus!«

Einige Kinder, die schon früher am Tag dabeigewesen waren, fingen an, Hosianna zu singen. Das machte die Hohenpriester nur noch rasender.

»Kannst du sie nicht stoppen?« fragten die Priester Jesus. Selber konnten sie es nicht.

»Warum das denn?« fragte Jesus.

»Weil sie singen, daß du der Messias bist!« antworteten die Hohenpriester entrüstet.

»Ich *bin* der Messias«, fuhr Jesus sie an. »Fragt die Kinder, ihr, die ihr die Lehrer Israels sein wollt! Die Kinder wissen es! Aber ihr wißt nichts, denn euer Verstand ist verdunkelt.«

Ich konnte es mir nicht verkneifen, an Jesu Mantel zu ziehen und zu flüstern: »Sollten wir jetzt nicht lieber gehen?«

175

Ich dachte an das letzte Mal, als wir im Tempel gewesen waren. Damals wären wir fast gesteinigt worden. Ich fand, daß es am sichersten wäre, wenn wir uns davonmachten, solange wir noch die Möglichkeit dazu hatten.

»Nein«, sagte Jesus und lachte, »jetzt noch nicht! Mir gefällt es hier. Und übrigens ist hier das Haus meines Vaters. Darf ich etwa nicht im Haus meines eigenen Vaters sein?«

Obwohl er wütender war, als ich ihn je zuvor gesehen hatte, war er doch gleichzeitig auch bei glänzender Laune. Zu mir war er einfach nett. Aber die Hohenpriester waren ganz bleich vor Angst.

»Jetzt«, flüsterte Judas, und seine Augen leuchteten. »Gib das Zeichen, Meister! Alle werden dir folgen! Jetzt ist die Zeit Gottes angebrochen, Messias!«

Aber es war, als hätte Jesus ihn nicht gehört. Er gab kein Signal zum Aufruhr.

Statt dessen fing er an zu predigen.


## 58. Auch ich bekam Brot und Wein


Jesus predigte immer weiter im Tempel, einen Tag nach dem anderen. Abends gingen wir zu Lazarus nach Hause und schliefen dort. Am nächsten Morgen gingen wir dann wieder in die Stadt, wo Jesus weiterpredigte.

Ich erinnere mich nicht, was er sagte. Predigten sind wohl nicht so viel für Kinder. Aber ich erinnere mich, daß sie teilweise unheimlich, teilweise auch recht lustig waren.

Unheimlich war es, als er davon sprach, daß die ganze Welt untergehen würde. Obwohl er sagte, daß es trotzdem nicht so schlimm werden würde. Es sei wie eine Knospe im Frühling, sagte er. Sie muß kaputtgehen, damit die Blüte ausschlagen kann. Irgend so etwas. Und die Welt mußt entzweibrechen, damit das Reich Gottes ausschlagen kann.

Ich dachte, daß es vielleicht genauso wie mit Lazarus ist. Der sagte ja jetzt auch immer, daß es nicht so schlimm sei zu sterben. Vielleicht ist es dasselbe mit der ganzen Welt. Vielleicht ist es auch für sie nicht so schlimm, zu sterben. Und vielleicht auch nicht für Jesus. Denn das hatte er versprochen.

Ich hatte keine Ahnung davon. Ich fing allmählich an, mich nach Michael und unserem Versteck zu sehnen. Und die Lehrerin wunderte sich bestimmt, warum ich nicht mit dieser Kehrschaufel zurückkam. Aber es scheint genauso unmöglich, einfach nach Hause zu reisen, wann man will, wie es unmöglich ist, zu bestimmen, wann man in das Heilige Land reisen wird. Also blieb mir nichts anderes übrig als hierzubleiben.

Und ich hatte es ja auch gut hier. Alle waren nett zu mir. Aber die Predigten waren etwas langweilig, fand ich.

Im übrigen schien es nicht, als verständen die Jünger viel mehr als ich. Sie warfen alles durcheinander und sagten nicht viel. Am schlimmsten war es für Judas. Er war ganz still oder lief nur umher und starrte ins Leere. Er begriff jetzt, daß es keinen Aufruhr geben würde. Es war zu spät.

Das merkte auch ich. Es waren nicht mehr so viele Leute im Tempel, die Jesus zuhörten. Die, die ausgesehen hatten, als wollten sie sofort losschlagen, waren woanders hingegangen. Sie glaubten nicht mehr an Jesus. Ich fragte mich, ob Judas überhaupt noch an Jesus glaubte. Auf jeden Fall war er ärgerlich.

Dann wurde es schließlich Ostern. Jesus hatte einen Raum besorgt, wo wir zusammen essen konnten. Es war im ersten Stock eines Hauses.

Wir legten uns alle zu Tisch. Ich durfte neben Petrus liegen.

Niemand sagte besonders viel. Jesus betete das Tischgebet, wie er es immer tat. Dann nahm er das Brot. Und jetzt war es fast so, als reiste ich wieder. Nur umgekehrt. Denn es war genauso wie in der Kirche, wenn wir Gottesdienst feiern. Und das erkannte ich wieder. Jetzt bin ich mir einer Sache sicher: Jesus ist mit in der Kirche, jedesmal, wenn wir Gottesdienst feiern. Er ist es, der das Brot gibt. Der Pfarrer leiht ihm nur eine Weile seine Hände.

Ja, Jesus nahm das Brot. Dann brach er es und gab jedem einzelnen der Jünger ein Stückchen davon. Und dann sagte er:

»Das hier ist mein Leib. Nehmt und eßt!« Ich bekam auch ein Stück. Dann nahm er den Behälter mit Wein und sagte: »Dies hier ist mein Blut. Nehmt und trinkt!« Und dann tranken wir alle.

Und in diesem Moment fand ich, daß ich alles genau begriff, obwohl ich es nicht erklären kann. Jedenfalls nicht gut. Es war mehr, als einfach Brot zu essen oder einfach Wein zu trinken. Eigentlich habe ich ihn gegessen. Ich habe ihn jetzt in mir. Ich dachte wieder an meinen Freund Legion. Er hätte hier mitessen und mittrinken sollen. Dann wäre etwas anderes in ihn hineingekommen als das Schreckliche, was ihn geplagt hatte. Dann nämlich wäre Jesus jetzt auch in ihm.

Ich war ziemlich müde. Es war spät. Aber es geschah noch etwas Unheimliches. Jesus sagte, daß einer ihn verraten würde. Alle waren sehr erschrocken.

»Bin ich das?« fragte jeder.

Ich fragte das auch. Denn ich wußte, daß ich es war. Obwohl ich es nicht wollte. Und da sagte Jesus, daß derjenige ihn verraten würde, der gerade sein Brot in die Brühe tauchte. Aber das war dumm gesagt, fand ich, denn das taten wir alle gerade. Oder meinte er etwa gerade das?

Dann ging Judas raus. Er sollte etwas besorgen. Und danach schlief ich ein.


## 59. Das war kein Traum!

Mir wäre am liebsten, wenn der Rest von dem, was geschehen ist, nur ein schlechter Traum gewesen wäre. Aber ich weiß, daß es kein Traum war.

Petrus weckte mich und sagte mir, daß wir gehen müßten.

»Möchtest du mitkommen, du Langschläfer?« fragte er.

»Ja, das sollte ich wohl tun. Aber ich war so müde, daß ich beinahe weiterschlief. Petrus hob mich hoch und trug mich. Das war schön, obwohl ich etwas fror, als wir nach draußen kamen.

Es war ganz dunkel. Wir gingen aus der Stadt zum Ölberg, glaube ich.

»Es ist so dunkel, ich sehe nichts«, sagte Andreas. »Ist das hier Gethsemane?«

»Ja, das muß hier sein«, sagte Petrus. »Gethsemane liegt hier auf dem Ölberg.«

Dann legte er mich unter einen Baum und deckte seinen Mantel über mich.

»Laßt mich nicht allein!« bat ich.

»Ich verspreche es dir«, sagte Petrus. »Wir werden dich nicht allein lassen. Wir werden heute nacht bei Jesus wachen. Er möchte das.«

»Was will er denn tun?« fragte ich, denn ich fand, daß wir ebensogut zu Lazarus nach Hause gehen konnten, um statt dessen zu schlafen.

»Er will zu Gott beten«, sagte Petrus.

»Kann er das nicht ein anderes Mal tun?« fragte ich.

»Er kann es vielleicht kein anderes Mal«, sagte Petrus mit trauriger Stimme. »Ich weiß nur, daß er uns gebeten hat, mit ihm aufzubleiben. Das ist alles.«

Ich sah Jesus ein Stück entfernt liegen. Zuerst war er auf die Knie gefallen. Dann legte er sich ausgestreckt auf die Erde, so schien es jedenfalls. Mit den Fäusten hämmerte er auf den Boden. Ab und zu hörte ich ihn schluchzen. Ich wollte zu ihm hingehen und ihn trösten. Jetzt hatte ich keine Angst, daß er vielleicht seine Ruhe haben wollte. Dieses eine Mal hätte *ich* ihn trösten können. Wenigstens ein bißchen, das wußte ich.

Aber ich war so schrecklich müde. Ich schaffte es nicht, mich auch nur zu rühren. Ich war müde und traurig. Ich tröstete mich damit, daß er Petrus und noch einige hatte, die bei ihm wachten. Da kam Petrus.

»Darf ich mich eine kleine Weile neben dich legen?« fragte er. »Ich friere so.« Und dann kroch er zu mir unter den Mantel. Kurz danach hörte ich, wie er schlief.

Einen Augenblick später schlief auch ich ein. Ich konnte nicht wach bleiben. Das letzte, was ich sah, war Jesus. Ich erahnte ihn ein Stück entfernt, wo er auf die Knie gefallen war. Er war allein.

Schließlich wurde ich von einigen Stimmen geweckt. Ich sah auf und erblickte Fackeln, die mich blendeten. Einige Leute waren nach Gethsemane gekommen. Dann erkannte ich, daß es die Soldaten des Hohenpriesters waren. Und Judas war bei ihnen.

Die Soldaten waren etwas unschlüssig.

»Es ist so dunkel«, sagten sie. »Wen sollen wir denn nehmen?«

»Ich werde ihn euch zeigen«, sagte Judas.

Er ging auf Jesus zu und küßte ihn. Dann ging alles sehr schnell. Petrus fing an, um sich zu schlagen. Er hieb einem Soldaten das Ohr ab. Aber Jesus nahm es auf und setzte es wieder an.

»Schlagt euch nicht!« sagte er nur.

»Kommt, laßt uns gehen!« sagte er zu den Soldaten. Und so verschwanden sie.

Wir anderen folgten ihnen in einem kleinen Abstand. Es wäre einfacher gewesen, wenn wir uns verteidigt hätten. Nichts zu tun ist das Schwerste. Aber man tut ja, was Jesus sagt. Auch wenn es schwer ist.

Wir gingen immer weiter. Schließlich waren wir am Palast des Hohenpriesters. Die Soldaten hatten Jesus sicher dorthin geschleppt, um ihn noch mitten in der Nacht zu verhören. Wir schlüpften in den Vorhof und konnten dort an einem Feuer sitzen, um uns aufzuwärmen. Da kamen einige und fragten Petrus, ob wir Jesus kennen würden, der gerade drinnen im Palast verhört würde.

»Nee«, sagte Petrus.

Er schien völlig verwirrt. Genau wie ich. Genau wie wir alle. Und schließlich zogen wir weiter. Petrus weinte. Bis wir vor einem Palast waren bei einem, der Pilatus hieß.

Er war sicherlich der, der im Heiligen Land für die Römer bestimmte. Wir konnten Jesus eine Weile sehen, auf einem Balkon. Pilatus war mit ihm herausgekommen.

»Dies ist der König der Juden!« schrie er.

Inzwischen war es Morgen geworden, und eine Menge Leute hatten sich unterhalb des Balkons versammelt. Eine ganze Reihe erkannte ich wieder. Sie hatten neulich »Hosianna« gerufen und waren auch im Tempel dabeigewesen und hatten zu Jesus gehalten, als er dort aufräumte.

»Dies ist der König der Juden!« rief Pilatus. »Sieht er nicht eher dumm aus? Können wir ihn nicht freilassen?«

Da sah ich, daß sie Jesus verkleidet hatten, um ihren Spaß mit ihm zu treiben. Sie hatten ihm eine Königskrone aufgesetzt, die aus Zweigen von einem stacheligen Strauch geflochten war. Das mußte ihn doch fürchterlich stechen! Und dann hatten sie ihm noch einen Rohrstock als Zepter in die Hand gegeben und ihm einen Soldatenmantel oder so was als Königsumhang umgehängt.

»Also, ihr dürft ja zu Ostern einen Gefangenen freilassen!« rief Pilatus. »Sollen wir nicht den König der Juden freilassen? Sieht er nicht dumm genug aus, daß er ruhig frei herumlaufen kann?«

»Nee«, schrie die Menge. »Laß statt dessen Barabbas frei!«

Und irgendwie hatten sie schon recht. Jesus sah nicht dumm aus. Er sah aus wie ein König. Er war ein König. Was immer sie auch mit ihm machten, er konnte gar nicht dumm aussehen, weil er nicht dumm *ist*!

»Was sollen wir denn dann mit dem König der Juden machen?« schrie Pilatus. »Jetzt dürft ihr bestimmen!«

»Kreuzige ihn!« schrie die Menge. »Kreuzige ihn!«

Aber ich weinte nur.


# 60. Golgatha


Im Heiligen Land scheint fast immer die Sonne, finde ich, aber dieser Morgen war grau. Es wäre besser gewesen, wenn es geregnet hätte. Alles wäre besser gewesen als dieses graue Licht.

Es war das erste Mal gewesen, daß ich fast eine ganze Nacht aufgeblieben war. Ich fühlte mich unheimlich schlapp. Und dann sollten wir schon wieder weitergehen.

»Nach Golgatha!« rief die Menge. »Nach Golgatha!«

Einige sangen und grölten.

»Was ist Golgatha?« flüsterte ich Petrus zu.

Er antwortete nicht.

»Was ist Golgatha?« fragte ich noch einmal, diesmal etwas lauter.

»Die Hinrichtungsstätte«, antwortete er. »Wo sie die Leute kreuzigen. Dorthin gehen wir nun.«

»Können wir nicht irgend etwas tun?« fragte ich. »Er darf nicht sterben! Ich will nicht, daß er stirbt! Jesus nicht! Er muß leben, sonst gibt es kein Leben mehr!«

Petrus antwortete nicht. Er hörte nicht zu, glaube ich.

Wir gingen weiter.

Plötzlich konnte ich Jesus sehen. Er ging etwas weiter vorne. Um ihn herum standen Soldaten, als ob er vielleicht versuchen wollte wegzulaufen. Als ob er überhaupt laufen könnte! Ihm fiel es schon schwer genug zu gehen.

Aber er trug ja auch einen großen Balken. Ich brauchte nicht zu fragen, was er trug. Ich verstand es selber. Es war das obere Teil des Kreuzes.

Er stolperte und fiel beinahe hin. Die Soldaten schlugen auf ihn ein, damit er weiterging.

»Kann ihm denn keiner helfen«, schrie ich. Aber niemand kümmerte sich darum.

Das Schlimmste war, daß die Leute fröhlich wirkten. Abgesehen von den Jüngern natürlich. Sie waren ganz abwesend. Sie gingen neben mir. Aber sie sagten nichts. Sie weinten nicht. Sie taten nichts, sondern gingen nur mit der Menge.

Jetzt war Jesus wieder gestolpert und fiel hin. Er mußte sich wohl die Knie aufgeschlagen haben. Das tut weh! Die Soldaten drängten sich um ihn. Der ganze Zug hielt einen Augenblick an. Dann begann der Zug sich vorn wieder in Bewegung zu setzen, aber jetzt ging Jesus, ohne den Balken zu tragen. Ein anderer hatte ihn abgelöst.

Der Weg führte bergauf. Erst jetzt sah ich, daß überall Kreuze aufgestellt waren. Und an mehreren hingen schon Tote. Eigentlich hätte ich es abscheulich finden müssen, aber ich konnte nicht. Alles war, wie es sein mußte in diesem Grau hier. Wenn alles so grau ist wie an diesem Morgen, dann erscheint es fast natürlich, daß überall an den Kreuzen Tote hängen. Man kann sich einfach nicht mehr darum kümmern.

Die Soldaten hielten Jesus an. Wir gingen näher heran. Dort lag ein dicker Stamm, ungefähr so hoch wie ein Telefonmast, auf der Erde. Auf den legten sie Jesus!

Ich stellte mich hinter Petrus. Die Hammerschläge hörte ich nicht. Doch, ich hörte sie natürlich. Ich versuchte mir einzureden, daß ich sie nicht hörte. Aber es ging nicht. Ich versuchte mir einzureden, daß alles nur ein Traum war, nur ein Traum. Bald würde Martha mich wecken und sagen: »Johannes! Möchtest du frühstücken? Jesus ist gekommen! Und die Ziege wartet draußen auf dem Hof auf dich!«

Aber so war es nicht.

Ich versuchte, daran zu denken, daß dieses gar nicht die Wirklichkeit sei: Ich bin ja nur gereist. Es ist nur so eine Art Spiel in meinem Kopf. Eigentlich hole ich gerade eine Kehrschaufel, um die Scherben einer Vase aufzukehren. Ich gehe in die Adolf-Friedrich-Grundschule. Ich heiße Johannes Larsson, und ich versuche mir einzubilden, daß ich im Heiligen Land bin.

Aber so war es nicht.

Denn es war wahr, daß sie ihn festnagelten. Jetzt gerade. Und ich dachte daran, wie weh es tut, wenn man sich die Knie aufschlägt! Das tut so weh, daß es das eigentlich gar nicht geben dürfte, dachte ich. Aber das gibt es trotzdem.

Ich weiß nicht, wie lange wir dort standen. Es kam mir wie ein ganzes Leben lang vor. Aber schließlich sagte Petrus: »Jetzt ist es vorbei. Es ist vollbracht!«

Dann gingen wir von Golgatha hinab. Jetzt hing dort noch ein toter Körper mehr. Ich sah ihn an, bevor ich ging. Ich wollte es. Aber ich fand nicht, daß es Jesus war. Nicht *mein* Jesus, denn mein Jesus lebt.

Das da war nur ein toter Körper.

# 61. Sie sagen, daß er auferstanden ist

Als wir von Golgatha weggingen, sah ich, daß auch Lazarus, Martha und Maria dort gewesen waren. Ich folgte ihnen.

Es war Freitag. Ich legte mich schlafen, sobald wir nach Betanien kamen. Ich träumte, daß ich mich in dem Grab befand, in dem Legion gewohnt hatte. Und das ganze Grab war voller Regale, wie in einem Weinkeller. Ellenlange Gänge mit Regalen, Regalen und noch mehr Regalen. Aber auf den Regalen lagen keine Weinflaschen, sondern Leichen.

Trotzdem war es nicht unheimlich. Es waren lauter kleine Leichen, wie kleine eingewickelte Mumien. Dicht an dicht lagen wir. Denn ich war ebenfalls eine solche Mumie. Aber ich konnte alle anderen sehen. Alle Gänge und alle Regale sah ich. Ich wußte, daß dieses Grab so groß war, daß es sich unter der gesamten Erde erstreckte. Wo auch immer man in der Erde bohren würde, überall würde man in dieses Grab kommen. Und hier lagen wir, alle Menschen, wie kleine einbalsamierte Puppen. Ganz tot.

Aber dann kam Jesus herein. Er nahm sich eine Puppe nach der anderen vor, hauchte sie an und fing an, sie auszuwickeln. Da wurden sie wieder lebendig, bekamen Farbe und begannen zu schreien. Es war wie auf einer großen Entbindungsstation mit einer Unmenge von Säuglingen. Ein einziges großes Geschrei war das.

Aber dann wachte ich auf. Die Ziege hatte gemeckert; das war das Geräusch gewesen, das ich gehört hatte.

Ich spielte mit ihr, aber es machte keinen Spaß. Alle liefen wie gewöhnlich umher und erledigten die üblichen Sachen. Aber niemand sagte etwas. Alle waren natürlich traurig. Auch ich hatte keine Lust zu reden. Obwohl ich erst daran dachte, vielleicht meinen Traum zu erzählen. Ich wurde etwas froher, als ich an den Traum dachte.

Und dann war der Samstag um, ohne daß etwas Besonderes passiert war. Ich legte mich wieder schlafen, aber in der Nacht träumte ich nicht. Jedenfalls glaube ich das.

Am Sonntagmorgen schlief ich recht lange. Ich wachte davon auf, daß sich jemand in der Küche laut unterhielt.

Ich stand auf. Es waren Leute aus der Stadt gekommen, und die waren ganz aufgeregt. Es war schwer zu verstehen, was sie sagten, denn sie redeten alle durcheinander. Außerdem berichteten sie ganz Verschiedenes.

Aber es schien etwas mit Jesus geschehen zu sein. Einige Tanten, die hier alle Maria zu heißen schienen, obwohl eine wohl Salome hieß, einige Tanten also waren zu dem Grab gegangen, in dem Jesus lag. Es war am frühen Morgen gewesen. Sie wollten ihn mit irgendeinem Öl einreiben. Ungefähr so, wie unsere Maria, also Lazarus' Schwester, es getan hatte, als Jesus noch lebte. So was macht man mit Toten im Heiligen Land.

Und da war der Stein vor dem Grab weg gewesen, und auch Jesus war weg. Und manche sagten, daß dort auch Engel gewesen wären, die gesagt hätten, Jesus wäre wieder lebendig geworden. Andere sagten, daß er selbst dagewesen wäre und mit den Tanten gesprochen hätte. Und wieder andere sagten, daß auch Petrus und Johannes am Grab gewesen wären und gesehen hätten, daß es leer war. Aber Jesus hatten sie nicht gesehen. Und alles sollte heute morgen geschehen sein.

Es war ein einziges Durcheinander und Geschnatter. Schließlich wurde Lazarus beinahe wütend und sagte, daß wir nun zu Petrus in die Stadt gehen würden, um zu erfahren, was eigentlich wirklich geschehen sei.

Und das taten wir dann auch.

Alle Jünger waren da außer Judas. Er habe sich erhängt, sagte jemand. Aber sie wollten nicht darüber sprechen. Obwohl ich das dumm fand. Sowohl, daß er sich erhängt hatte, als auch, daß sie nichts dazu sagen wollten. Aber Erwachsene sind manchmal so.

»Bist du nicht froh, daß der Meister auferstanden ist?« fragte eine Frau, die ich nicht kannte.

»Doch«, sagte ich. Denn irgend etwas mußte ich ja sagen. Das war sicher eine der Marias, die morgens am Grab gewesen waren. Aber ich fand, daß alles recht komisch war. Ich war auch nicht besonders froh. Ich meine, man will doch wissen, was eigentlich geschehen ist. Und das erfuhren wir hier auch nicht. Alle redeten durcheinander, und alle sagten Verschiedenes. Das einzige, über das sie sich einig waren, war, daß das Grab leer war. Und daß jemand die Binden fein säuberlich zusammengefaltet hatte. Ich überlegte, ob Jesus ordentlich gewesen war. Ob er sie zusammengefaltet hatte. Ich konnte mich nicht daran erinnern. Also fragte ich Petrus:

»Du, kannst du dich erinnern, ob Jesus eigentlich ordentlich war?«

Er schaute mich nur erstaunt an und sagte:

»Was hat denn das mit der Sache zu tun?«

Das hatte es bestimmt! Aber ich konnte es nicht erklären.

Dann holte Petrus plötzlich etwas zu essen hervor, und das war eine gute Idee, denn es war schon spät am Sonntagabend, und ich war hungrig.

Als wir so saßen und aßen, war Jesus plötzlich da. Ja, er war einfach da! Er nahm das Brot und den Wein und gab es uns, wie er es einige Tage vorher getan hatte und wie er es in der Kirche macht.

Da wußte ich, daß er wirklich auferstanden war.

Er redete ein wenig dieses Erwachsenengerede, und dann war er wieder weg.

Maria, die am Grab gewesen war, kam wieder zu mir.

»Jetzt hast du ja selbst gesehen, daß der Meister auferstanden ist. Bist du denn jetzt glücklich?« fragte sie.

Doch diesmal antwortete ich überhaupt nicht.


# 62. *Wir fliegen!*


Ja, wenn es um so etwas geht, dann lügt man nicht, nur um einige Tanten froh zu machen. Das ist viel zu wichtig. Und ich wußte wirklich nicht, ob ich glücklich war.

Das war alles zu schnell gegangen. Man kann nicht erst so traurig sein, daß man innerlich fast tot ist, und dann ist man plötzlich wieder froh. Im übrigen fand ich nicht, daß Jesus wieder richtig zurückgekommen war, auch wenn ich ihn gesehen hatte. Das war handfester gewesen, als wir umhergezogen waren und er mich auf seinen Schultern hatte sitzen lassen und mir Geschichten oder so was erzählt hatte. Da war er die ganze Zeit dagewesen. Es verwirrte mich, daß er jetzt auf einmal auftauchte und dann wieder verschwand. Wie ein Gespenst.

Und trotzdem war er kein Gespenst.

Es ist klar, daß ich froh war, weil er nicht mehr tot war! Aber ich wollte, er wäre genauso auferstanden wie Lazarus. Der war nämlich die ganze Zeit über da. Aber das mit Jesus war wenigstens besser als nichts.

Ich ging zu Petrus. Ich dachte mir, daß Jesus wohl bei den Jüngern auftauchen würde, wenn er es überhaupt noch einmal tat. Und ich wollte ihn wiedersehen, diesmal richtig.

Aber das dauerte. Über einen Monat. Andere trafen ihn, aber ich nicht. Ein paar Jünger waren draußen und machten mit einem Mann Bekanntschaft, den sie zunächst nicht wiedererkannten. Aber dann merkten sie schließlich, daß es Jesus war. Typisch! Warum haben sie ihn nicht sofort wiedererkannt? Ich hätte ihn bestimmt sofort wiedererkannt!

Und ein anderes Mal, als sie zum Fischen draußen waren, kam er und aß Fisch mit ihnen. Aber auch da war ich nicht dabei.

Ich fing an zu meinen, daß ich ebensogut nach Hause reisen konnte. Aber ich wußte nicht, wie ich es anstellen sollte. Also mußte ich warten.

Schließlich traf ich ihn doch noch. Es war wieder, als wir aßen. Plötzlich war er da und brach das Brot wie in der Kirche. Und dann sagte er, daß wir in Jerusalem warten sollten. Er würde sich nicht mehr öfter so zeigen. Aber das mache nichts, sagte er, denn wir würden in wenigen Tagen etwas bekommen, was er den »Heiligen Geist« nannte. Und das sei genausogut, als ob er sich zeigte. Oder vielleicht sogar noch besser.

Da wurde ich ärgerlich.

»Ich will nicht so einen komischen Geist haben!« rief ich. »Ich will dich haben!«

»Johannes«, sagte er, »meinen Geist kannst du die ganze Zeit über haben. Er ist immer bei dir.«

»Aber ich sehe dich nicht«, sagte ich traurig. »Und ich kann dich nicht anfassen und nicht mit dir reden.«

»Du kannst mit mir reden«, sagte er. »Du kannst zu mir beten.«

»Aber man sieht dich doch nicht«, beharrte ich.

»Du kannst Brot und Wein sehen«, sagte er.

»Aber«, sagte ich. »Aber . . .«

Mir fiel nichts mehr ein, aber ich war immer noch ärgerlich. Traurig und ärgerlich.

Wir standen vor dem Haus. Er streckte die Arme aus und segnete uns alle. Und dann sah er zum Himmel.

Da begriff ich es. Er wollte sich davonmachen! Ich sprang nach vorne und bekam seine Füße zu fassen.

»Wenn du gehst, will ich mitkommen!« schrie ich. »Hast du verstanden, du dummer Jesus?«

Da kam eine Wolke herunter, und ich konnte nichts mehr sehen. Aber ich hielt seine Füße fest.

Dann wurde er auf irgendeine merkwürdige Weise hochgehoben und flog direkt zum Himmel hinauf.

Aber ich hielt seine Füße fest.

Wir flogen immer höher, und es wurde immer dunkler.

Aber ich hielt seine Füße fest.

Dann hörte es sich an wie ein kleiner Bums. Ich stand auf dem Boden, merkte ich. Und meine Arme griffen ins Leere. Ich griff nach etwas.

»Ja, natürlich!« Ich sollte ja die Kehrschaufel und die Vase aus dem Regal in dem Putzschrank nehmen.

Also tat ich das und ging in die Klasse zurück.

»Das ging aber schnell!« sagte die Lehrerin und lachte freundlich. »Jetzt kannst du die Scherben auffegen und dich dann setzen.«


Bald ist Pfingsten, und dann sind Sommerferien. Pfingsten ist, wenn man den Heiligen Geist bekommt. Das wird spannend mit Pfingsten und den Sommerferien.

*Jörg Zink*
**Der Morgen weiß mehr als der Abend**
Bibel für Kinder
Mit Bildern von Hans Deininger

184 Seiten, über 50 farbige Bilder, gebunden
ISBN 3-7831-0634-6

»Zink hat in dem Bemühen, die biblischen Geschichten in einen großen Zusammenhang zu stellen und diesen Zusammenhang Kindern verständlich zu machen, eine Rahmengeschichte eingeführt und Umstellungen in der Reihenfolge biblischer Erzählungen vorgenommen. Auch sind eine Reihe von sonst in Kinderbibeln üblichen Geschichten weggelassen. Erreicht hat Zink mit dieser Form einen gut lesbaren, den Zusammenhang der Ereignisse und Erzählungen deutlich machenden Text, der Kindern die wesentlichen Aussagen der Bibel verständlich machen und einen Einstieg zum Weiterlesen öffnen kann.«
Anhaltspunkte

»Texte des Alten und Neuen Testaments sind so zusammengestellt, daß sie wirklich eine frohe Botschaft sein können. Die kindgemäße Sprache, dazu die erläuternden Geschichten und das Nachdenken der Eselin Suleika mit ihrem Eselskind Laila machen das Buch zu einem liebenswerten Geschenk für die ganze Familie.«
ferment

Kreuz Verlag

*Jörg Zink*
**Wie Sonne und Mond einander rufen**
Gespräche und Gebete mit Kindern
Mit Bildern von Hans Deininger

128 Seiten, gebunden mit vierfarbigem Überzug
ISBN 3-7831-0603-6

»Der bekannte Stuttgarter Fernsehpfarrer und Buchautor hat gemeinsam mit seiner Frau dieses Buch gestaltet, das Eltern bei der religiösen Erziehung der Kinder praktische Hilfen gibt. Da sind Hinweise, was man beim Beten mit Kindern beachten soll: ›Wir sollten mit Kindern Gebete lernen, mit denen der fünfzehnjährige Junge und die 40jährige Frau noch etwas anfangen können und mit denen sie sich nicht kindisch vorkommen müssen.‹ Man findet Anleitung, wie man mit Kindern über Fragen des Lebens und der Religion redet. Da ist die Schöpfungsgeschichte vorerzählt, da ist von den christlichen Festen die Rede oder auch von Zweifeln an Gott. Erwachsene finden Lieder und brauchbare Gebetsverse. Auch die Advents- und Weihnachtszeit ist ausführlich behandelt. Die beiden Autoren bringen die Hoffnung zum Ausdruck: ›Vielleicht hilft das Buch ein wenig dazu, daß im gemeinsamen Leben der Kinder und Eltern das Vertrauen gedeiht, nicht nur das Vertrauen der einen zu den anderen, sondern auch das gemeinsame Vertrauen zu dem, der sie einander gegeben hat.‹«
Sonntagsblatt Bayern

Kreuz Verlag